Ali Talat

STARKA BAND, STARKA BARN

EN BOK OM FÖRÄLDRAANSVARETS ROLL I ATT BYGGA ETT TRYGGT SAMHÄLLE

FSC
www.fsc.org
MIX
Papper från ansvarsfulla källor
Paper from responsible sources
FSC® C105338

Förlag: BoD · Books on Demand, Östermalmstorg 1, 114 42 Stockholm, Sverige, bod@bod.se
Tryck: Libri Plureos GmbH, Friedensallee 273, 22763 Hamburg, Tyskland

ISBN: 978-91-8080-941-2

Förord

Denna bok har vuxit fram ur min egen uppväxt i Rosengård, ett område fyllt av både möjligheter och osäkerhet. Genom mina studier i kriminologi och psykologi, samt mitt arbete med barn och föräldrar, har jag fått insikter som ständigt påmint mig om vikten av en enkel men kraftfull sanning: Utan stark grund av kärlek, vägledning, gränssättning och stöd i hemmet kan inget samhällssystem fullt ut kompensera för de risker som barn kan möta på sin livsresa.

Föräldraskap handlar om så mycket mer än att sätta mat på bordet. Det är ett ansvar som föräldrar måste ta och samhället bör stödja dem i detta men inte ersätta deras roll. Detta blir tydligt när vi ser hur noggrant de som vill adoptera barn granskas genom tester och krav för att säkerställa att de klarar uppgiften och att barnen inte far illa. På samma sätt bör föräldrar ställa krav på sig själva. Samhället bör också ställa krav på dem, så att de kan ge sina barn de bästa förutsättningarna att bidra till samhället.

Andra aktörer, som polis, socialarbetare och lärare gör ett enormt arbete för att stötta dessa barn och ungdomar och förhindra att de hamnar i kriminalitet. Men det krävs ett gemensamt arbete för att lyckas. Därför måste föräldrarna vara fundamentet i detta arbete.

Min egen resa har format min syn på hur viktigt föräldraansvar och familjeband är inte bara för att hålla unga borta från kriminalitet utan också för att hjälpa dem blomstra och bli en positiv del av samhället i stället för att utgöra ett hot mot det. Jag växte upp i ett så kallat särskilt utsatt område där kriminalitet var en del av vardagen. Trots detta lyckades jag undvika den destruktiva väg som många av mina vänner och grannar hamnade på, tack vare min mammas fasta och konsekventa uppfostran.

Denna bok är resultat av min resa, mina erfarenheter och den utforskning som jag har bedrivit. Här erbjuder jag konkreta verktyg och perspektiv för föräldrar och de som arbetar med föräldrarna, baserat på både teori och praktik för att skapa de bästa möjliga förutsättningarna för sina barn.

Jag hoppas att denna bok kan inspirera och utrusta föräldrar med den kunskap och de verktyg de behöver för att spela sin mest betydelsefulla roll som sina barns främsta förebild och vägledare i livet.

Begrepp och teorier

I denna sektion presenteras viktiga begrepp och teorier som används i boken. Dessa begrepp och teorier hjälper oss att förstå hur föräldraansvar och starka familjeband kan bidra till att förebygga kriminalitet och skapa en tryggare samhällsmiljö. Genom att kombinera akademiska teorier, bland annat från psykologi och kriminologi med mer allmänna begrepp, ger boken en tydlig bild av hur vi kan stödja barnens utveckling och stärka samhällets grundpelare.

ART-metoden (Aggression Replacement Training)

En kognitiv beteendeintervention som syftar till att minska aggressivt och våldsamt beteende, främst hos ungdomar. Programmet består av tre huvudsakliga komponenter: social färdighetsträning, träning i att hantera ilska och moralisk resonemangsträning.

Betingningsteori

Teorin förklarar hur beteenden lärs in genom upprepade erfarenheter av belöning och bestraffning. Klassisk betingning innebär att ett barn lär sig associera en viss händelse med en specifik reaktion, medan operant betingning innebär att beteenden som ger tillfredsställelse kommer att återupprepas.

Konsekvenspedagogik

Den betonar ansvar, konsekvenser och självständigt tänkande hos barn och ungdomar. Metoden fokuserar på att låta personen uppleva följderna av sitt agerande istället för att straffa oönskat beteende.

Reciprok determinism

Den beskriver hur individens beteende, personliga faktorer och miljön samspelar och påverkar varandra. Enligt denna teori sker mänsklig utveckling genom en interaktion mellan individ, beteende och omgivande miljö.

Repulse-metoden

En strukturerad metod som hjälper barn, unga och vuxna att förbättra känsloreglering, impulskontroll, problemlösning och sociala färdigheter. Metoden bygger på kognitivt förhållningssätt, social inlärningsteori och utvecklingspsykologi.

Situational Action Theory (SAT)

En teori som fokuserar på hur individens moraliska uppfattningar och den omgivande miljön påverkar beslutet att begå brott. Enligt SAT är brott resultatet av en interaktion mellan individens moraliska uppfattningar och de situationella faktorer som de befinner sig i.

Sociala band-teori

En teori utvecklad betonar vikten av starka sociala band för att hålla ungdomar borta från kriminalitet. Teorin består av fyra huvudelement: anknytning, åtagande, delaktighet och övertygelse.

Socialt stöd

Som innebär både känslomässigt stöd och praktisk hjälp från kollegor, chefer, vänner, familj, skolan och andra i ens sociala nätverk. Det fungerar som en skyddande faktor mot stress och kan minska risken för stressrelaterade sjukdomar. Socialt stöd hjälper till att hantera stressiga situationer, främjar återhämtning och skapar en känsla av samhörighet. Brist på socialt stöd kan leda till ökad stress och psykisk ohälsa.

Innehållsförteckning

Kapitel 1: Introduktion till föräldraskapets roll 17

Föräldrar som samhällets grundpelare 21

Vad händer när föräldrar inte tar sitt ansvar? 23

Samhällets ansvar att stödja föräldrar 25

Vikten av förebilder i föräldraskapet 25

Föräldraskap utan eftertanke 27

Handlingsplaner och checklistor 28

Sammanfattning kapitel 1: Föräldrar som samhällets starkaste skyddsnät 29

Kapitel 2: Sociala band, SAT-teorierna och dess vikt 31

Sociala band och kriminalitet 31

Teorin om sociala band i praktiken – koppling till intervjuerna 37

Anknytning: Grunden för sociala band 37

Åtagande: Långsiktiga mål och ansvar 47

Delaktighet: Att vara en del av samhället 53

Övertygelse: Tron på samhällets regler och normer 57

SAT i praktiken – koppling till intervjuerna 61

Skillnaden mellan SAT och sociala band-teorin 63

Sammanfattning kapitel 2: Sociala band, SAT-teorierna och dess vikt 64

Kapitel 3: Psykologiska aspekter av föräldraskap 66

Beteende och inlärning: Betingningsteorin............66
Fallstudie: Ahmed – en ungdom i utanförskap.......67
Reciprok determinism...69
Hur olika personligheter påverkar risken för kriminalitet...71
Stressens roll i familjelivet..74
Digitala medier och sociala nätverk.........................75
Navigera barnens skärmtid och digitala säkerhet..75
Socialt stöd...77
Faderskapets unika roll..77
Psykisk ohälsa och trauma..79
Verktyg för kommunikation.......................................80
Självreglering och motivation.....................................80
ADHD/ andra neuropsykiatriska funktionsnedsättningar...82
Sammanfattning Kapitel 3: Psykologiska aspekter av föräldraskap...89
Kapitel 4: Utbildningens och skolans roll i förebyggandet av kriminalitet 91
Skolans roll i att skapa struktur och ansvar.............91
Föräldrarnas roll i skolgången....................................93
Skolmisslyckande och vägen till kriminalitet..........95
Åtgärder för att stödja elever i riskzonen.................96
Samverkan mellan skola, socialtjänst och polisen .97

Arbetsmarknadsåtgärder ... 98

Samarbete med skolan och samhället ... 98

Sammanfattning kapitel 4, utbildningens och skolans roll i förebyggandet av kriminalitet ... 99

Kapitel 5: Föräldrastöd och samhällsorientering – nyckeln till att bryta kriminalitet ... 101

Vikten av föräldrastöd ... 101

Samhällsorientering som ett verktyg för att stärka föräldrar ... 102

Att göra samhällsorientering obligatorisk ... 103

Konsekvenspedagogik ... 104

Långsiktiga effekter av föräldrastöd/ samhällsorientering ... 106

Mentorskap och förebilder ... 112

Psykologiskt stöd och välmående ... 112

Utvärderingsverktyg ... 113

Sammanfattning kapitel 5: Föräldrastöd/ samhällsorientering – nyckeln till att bryta kriminalitet ... 113

Kapitel 6: Polisen och deras roll i kampen mot ungdomsbrottslighet ... 115

Samarbete mellan polis och sociala myndigheter 116

Polisens roll som brottsförebyggare ... 117

Polisen och föräldrarna – en nödvändig allians ... 117

Långsiktiga lösningar för en starkare polisinsats . 118

Sammanfattning Kapitel 6: Polisen och deras roll i kampen mot ungdomsbrottslighet 120

Kapitel 7: Sekretess, samverkan och samhällets trygghet 121

Vikten av att lyfta sekretess för samhällets bästa .122

Samverkan mellan myndigheter: Nyckeln till framgång 123

Framtiden för samverkan och sekretess 124

Fallstudier och framgångshistorier 131

Sammanfattning kapitel 7: Sekretess, samverkan och samhällets trygghet 133

Kapitel 8: Fängelser, straff och kriminalvården 135

Kriminalvården och samhällets ansvar 143

Kriminalvårdens roll i att hantera unga brottslingar 144

Samhällets ansvar gentemot brottsoffer 145

Strängare straff och reformering av kriminalvården 146

SIS och HVB-hem – en modell som brister? 147

Exempel på grova brott efter vistelse på institutioner 149

Slutsats: Straff, rehabilitering och rättvisa 150

Polisiära ingripanden och kopplingen till SIS och HVB-hem 151

Höjda straff för hot mot tjänstemän 152

Sammanfattning kapitel 8: Fängelser, straff, kriminalvården, SIS och HVB-hem 154

Kapitel 9: Barnsoldater och kriminalitet, ett växande hot mot samhället 158

Barnsoldaternas roll i kriminella nätverk 158

Ungdomskriminalitet och straffens avskräckande effekt 159

Familjens roll i att förebygga rekrytering till gäng 160

Långsiktiga åtgärder för att bekämpa ungdomsbrottslighet 162

Brott av unga genom sociala medier 162

Rekrytering av unga i utlandet 164

Handlingsplaner och checklistor 165

Sammanfattning kapitel 9: Barnsoldater och kriminalitet – ett växande hot mot samhället 166

Kapitel 10: Migrationens och kriminalpolitikens roll i samhällets utmaningar 168

Ansvarsfull migrationspolitisk 168

Kriminalpolitikens roll i migrationsfrågan 169

Migration och kriminalitet – en fråga om socioekonomiska förutsättningar 170

Politiska lösningar för ett tryggare samhälle 171

Samarbete med skolan och samhället 172

Framtidens kriminalpolitik – behovet av reformer och samarbete 172

Investeringar i förebyggande insatser 173

Rehabilitering och återintegrering av brottslingar 174

Internationella samarbeten för att bekämpa organiserad brottslighet 174

Politiska reformer för ett tryggare samhälle 175

Sammanfattning kapitel 10: Migrationens och kriminalpolitikens roll i samhällets utmaningar ... 176

Kapitel 11: Konsekvenser av oansvarig kriminalpolitik 178

Mildare straff – en bristande avskräckning 178

Gängkriminalitet och samhällsotrygghet 180

Otryggheten för brottsoffer 180

Behovet av en mer avskräckande kriminalpolitik 181

Sammanfattning kapitel 11: Konsekvenser av oansvarig kriminalpolitik 182

Kapitel 12: Strängare straff för att skydda samhällets grundpelare 184

Vikten av proportionella straff 184

Hot mot tjänstemän och samhällets stabilitet 185

Avskräckande effekter av längre fängelsestraff 186

Kritik mot strängare straff och påståenden om en "polisstat" 187

Den danska modellen 188

Psykologiskt stöd och välmående 193

Sammanfattning kapitel 12: Strängare straff för att skydda samhällets grundpelare 195

Kapitel 13: Sociala band, socialt stöd och SAT som avgörande faktorer för att förebygga kriminalitet 196

Vikten av sociala nätverk och gemenskap 200

Samhällsstöd genom riktade insatser 201

Föräldrarnas roll i teorin om sociala band 201

Sammanfattning kapitel 13: Sociala band och socialt stöd som grundpelare för att förebygga kriminalitet 204

Kapitel 14: Att bygga ett starkare samhälle genom föräldraansvar 206

Föräldraansvar och dess påverkan på barnens utveckling 206

Att rusta föräldrar för framtiden 206

Krav på föräldraansvar – ingen annan kan fylla denna roll 207

Ett samhälle byggt på samverkan mellan föräldrar och samhällsaktörer 208

Föräldraansvar 208

Samarbete 209

Hur politiska åtgärder kan stödja föräldrar 209

Sammanfattning kapitel 14: Att bygga ett starkare samhälle genom föräldraansvar 212

Kapitel 15: Vägen framåt – samhällets gemensamma ansvar för en tryggare framtid 213

Samhället som en helhet 214

Föräldraansvar som en central del av lösningen ... 216

Skolans och utbildningens centrala roll 217

Kriminalvårdens och rättsväsendets reformer 218

Placering i familjehem, HVB-hem eller hos föräldrarna? 218

Anonyma vittnen och snabbare rättsprocesser 221

Gemensamt ansvar 223

Långsiktiga åtgärder 224

Slutsatser och reflektioner 225

Slutord 229

Referenslista: 247

Tack 252

Kapitel 1: Introduktion till föräldraskapets roll

En mörk och kylig höstkväll, två månader efter att jag och min mamma anlände till Sverige, befann vi oss i hjärtat av Rosengård; Ett område fyllt av både möjligheter och osäkerhet. Löven föll i tunga virvlar från träden, bortförda av vinden. Jag satt vid köksbordet, där jag kämpade med mina läxor i ljuset från en ensam lampa. Det fanns inget eget rum, ingen privat plats att kalla min egen. Min mamma satt tyst bredvid mig, hjälplös inför de svenska orden hon inte förstod, medan hon försökte ge mig det enda hon kunde: moralisk styrka och närvaro. Min pappa var en alkoholist jag inte träffade förrän jag var femton och han var inte närvarande ens efter det.

Plötsligt skar ljudet genom nattens tystnad, skrik och bultande steg i trapphuset. Jag smög försiktigt till dörren och tryckte ansiktet mot dörrkikaren. Poliser, flera stycken, stod där och bankade på dörren till vår grannes lägenhet. De såg spända ut, redo för vad som helst men ingen öppnade. Jag höll andan när dörren plötsligt rycktes upp och fram klev grannens yngsta son, bara några år äldre än jag själv. Det var inte han som talade – det var hans mamma. Hon stod bakom honom, nästan osynlig och viskade på arabiska vad han skulle säga, som en marionettmästare som styrde sina dockor. "Säg åt dem att gå, de kan inte göra något. Du är för ung" hörde jag henne säga med is i rösten, trots att hon kunde svenska. Där och då förstod jag inte helt vad det betydde men något i hennes ton fick mitt hjärta att bulta.

Medan poliserna diskuterade med pojken, hörde jag ett ljud från deras balkong. Jag kastade mig tillbaka till köksfönstret. Två av barnen, en pojke på kanske 14 och en liten flicka, hade hoppat från balkongen. Deras kroppar rörde sig snabbt och tyst genom mörkret, som skugga och de försvann mot buskarna på andra sidan gården. Jag såg deras händer, fulla med något som glimmade i ljuset. Vapen!

De slängde påsarna djupt in i buskaget innan de smög tillbaka, lika tysta som de försvunnit och stod plötsligt där igen vid dörren. Som om inget hade hänt. När polisen till slut gav sig av, såg jag hur grannbarnen gick tillbaka till buskarna, hämtade sina gömda skatter och försvann in i mörkret igen.

Det var då jag förstod att vår grannfamilj inte var som andra. De var inte bara grannar. De var vapensmugglare - de största i Malmö. Deras liv präglades av kriminalitet och osäkerhet, vilket gjorde min mammas beslut att hålla mig borta från deras inflytande ännu viktigare. Några år senare började det gå rykten på gården om att grannfamiljen hade förvarat handgranater i lägenheten – där de bodde med sina många barn, mitt i trapphus fullt av andra barnfamiljer. Tänk er den verkligheten. Den oron blev en av anledningarna till att vi började leta efter en annan bostad – och till slut fick vi flytta.

Vi pratar ofta om skolor, socialtjänst och polisens roll i att förebygga ungdomskriminalitet. Men tryggheten börjar långt innan dess, den formas hemma – i vardagens små och stora handlingar, i relationerna som bygger eller bryter ett barns självkänsla.

Men föreställ dig vad de såg: en far som smugglade vapen, en mor som ljög rätt i ansiktet på polisen, ett hem byggt på lögner och hot. Skilda på pappret men sammanbundna av kriminalitet. En familj som litade på sin klan, som aldrig arbetade ärligt, som levde på vapen och våld. Hur skulle barnen då kunna välja en annan väg? Hur skulle de lyckas med sina liv utan kriminalitet eller bidragsfusk?

När jag ser tillbaka på min uppväxt och tänker på grannfamiljen, inser jag hur avgörande det är med starka band och rätt vägledning. Barnen såg upp till sina föräldrar. Varför skulle de inte göra det? Det var deras första och kanske enda förebilder. Min mamma, som hade sett allt och som tidigare arbetat som lärare i hemlandet, förstod vikten av vägledning och gränser. Hon tog därför ett snabbt beslut den kvällen. "Du får aldrig umgås med de barnen," sa hon. Hennes röst var tyst men fast. Och från den dagen fick jag inte längre leka ute på gården.

Jag var väldigt ledsen över att inte få leka ute på gården. Jag fick inte heller vara med våra släktingars barn som bodde i närheten, allt på grund av min mammas beslut. Medan de andra barnen var ute och lekte eller i tidiga tonårsåldern var ute och festade var jag hemma och pluggade och hade alltid tider att passa. På vintern, när det blev mörkt tidigt och det var skolgång, skulle jag vara hemma senast 18.00 – om jag inte var på hemspråksundervisning. På sommaren var gränsen oftast 20.00, ibland 21.00. Om jag inte följde reglerna väntade konsekvenser. Min mamma använde både positiv och negativ förstärkning – ibland små belöningar, ibland tydliga konsekvenser – för att forma mitt beteende och bygga mitt ansvar. När jag följde reglerna och kom hem i tid kunde jag få små belöningar, som extra tid att sitta vid vår gamla dator eller få en speciell måltid. Men om jag bröt mot reglerna kunde jag bli av med privilegier, som att inte få se på TV eller sitta vid datorn. Dessa metoder hjälpte mig att förstå vikten av ansvar och att följa regler, även om jag ibland kände mig isolerad och avundsjuk på de andra barnen.

När jag gick i gymnasiet umgicks jag ibland i smyg med några av dessa killar från gården och området hemma hos dem och stack dit för att sova på morgonen i stället för att gå till skolan. Jag gick hem till en av dem två gånger men en gång blev jag påkommen. Min mamma hade varit i skolan och frågat efter mig och fick reda på att jag var hos en vän som inte gick i skolan. Hon kom hem till honom och tog mig tillbaka till skolan. Hon bad min mentor att signalera så fort jag var frånvarande Detta lärde mig en viktig läxa om ansvar och konsekvenser.

Det är dessa starka band och denna moraliska vägledning som jag hoppas kunna förmedla till andra föräldrar genom denna bok. Vi har alla en roll att spela i att forma våra barns framtid och skapa ett tryggare samhälle.

Jag är uppvuxen i Rosengård, ett område som ofta beskrivs utifrån men som jag bär med mig inifrån. Att jag som en av de första från Rosengård nu ger ut en bok om barns trygghet och föräldraskap känns både stort och meningsfullt. Men jag är inte ensam, från samma gator kommer lärare, läkare, sjuksköterskor, brandmän, akademiker och poliser – människor som varje dag bygger upp och bär det här samhället, ofta utan att synas. Deras berättelser får sällan utrymme. Ändå är de där mitt i det som kallas verkligheten. Den här boken är inte bara min röst. Den är också en påminnelse om alla andra som likt mig bär på erfarenheter som förtjänar att få höras.

Den här boken är min inbjudan till samtal om hur vi kan stärka barn genom starka relationer. Genom personliga erfarenheter, intervjuer och teorier från psykologi och kriminologi belyser jag sambandet mellan föräldraskap, trygghet och samhällets utveckling.

Föräldrar som samhällets grundpelare

När man bygger ett hus är grunden det absolut viktigaste. Om grunden är svag spelar det ingen roll hur starka och välbyggda delar som tak och väggar är, huset kommer ändå att vara instabilt och kan rasa när som helst. På samma sätt fungerar föräldrar som samhällets grundpelare. Om föräldrarna inte är närvarande och engagerade i sina barns liv kommer dessa barn att sakna den stabilitet och vägledning som krävs för att de ska växa upp till ansvarstagande och produktiva samhällsmedborgare.

Det finns en klar parallell mellan hur samhällen och familjer struktureras. Familjen är den minsta men kanske viktigaste enheten i samhället. I förhållande till hur väl denna enhet fungerar, påverkas hela samhället. Samhällen med starka och stabila familjer tenderar att ha lägre nivåer av kriminalitet medan samhällen med dysfunktionella familjestrukturer ofta ser en ökning av både socialt utanförskap och kriminalitet.

Föräldrar utgör den grund på vilken hela samhället vilar. Deras roll som de första och mest inflytelserika vägledarna i ett barns liv får eller ska inte underskattas. Trots detta tenderar vi att förminska eller helt ignorera föräldrarnas betydelse i den bredare samhällsdiskussionen om kriminalitet, utbildning och socialt ansvar. Föräldrar spelar en central roll i att bygga ett starkt samhälle genom att även förmedla moraliska värderingar och skapa en trygg hemmiljö för sina barn.

Brott är resultatet av en interaktion mellan individens moraliska uppfattningar och de situationella faktorer den befinner sig i. Föräldrar som förmedlar starka moraliska värderingar och skapar en trygg hemmiljö bidrar till att deras barn utvecklar positiva moraliska uppfattningar och starka sociala band, vilket minskar risken för att de ska begå brott. Denna bok utgår från en tydlig insikt: Oavsett hur starka våra samhällsinstitutioner är, kan de aldrig ersätta en stabil grund i hemmet.

Samtidigt som vi lyfter föräldraansvaret behöver vi också förstå att föräldrar inte formas i ett vakuum. De lever i ett samhälle som på olika sätt påverkar deras förutsättningar att vara närvarande, stöttande och normförmedlande.

I ett stabilt samhälle med trygg välfärd, fungerande demokrati och tillit till institutioner är det ofta lättare för vuxna att orka vara närvarande, engagerade och normförmedlande. Men i samhällen med bristande välfärd, otrygg arbetsmarknad, svag rättssäkerhet eller brist på framtidstro kan det bli svårare för många vuxna att vara den stabila, vägledande kraft barnen behöver. Det betyder inte att ansvar försvinner, utan att det ibland behöver förstås i ett större sammanhang.

Forskning och historiska exempel visar att samhällets struktur påverkar hur människor fungerar som föräldrar över generationer. Ett exempel är Sverige under 1900-talet. Trots att välfärden började byggas ut på 1940- och 50-talet var det relativt många i den generationen som hamnade i kriminalitet. En möjlig förklaring är att deras egna föräldrar som vuxit upp i ett hårdare och mer ojämlikt samhälle – bar med sig ett arv av lynnighet, misstro och otrygghet i sin föräldraroll.

Dessa samhällsstrukturer påverkar dock inte föräldraskapet över en natt – de verkar långsamt, ofta över flera generationer. Först i nästa generation, när fler vuxit upp i ett samhälle med ökad trygghet, jämlikhet och tillit, blev föräldraskapet i stort tryggare – vilket på sikt minskade kriminaliteten bland unga.

Det tar tid för trygghet att slå rot, ofta en eller två generationer. Därför behöver vi förstå att föräldrar påverkar barn här och nu – men samhället påverkar föräldraskapet över tid. Detta betyder inte att föräldrars agerande inte spelar störst roll här och nu – det gör det. Men det betyder också att ett samhälle som satsar på trygghet, rättvisa och välfärd investerar i framtida generationers föräldraskap. Därför är det viktigt att vi vågar tänka både kortsiktigt och långsiktigt: stötta dagens föräldrar men också bygga ett samhälle som gör det lättare att vara en bra förälder.

Vad händer när föräldrar inte tar sitt ansvar?
När föräldrar inte tar sitt ansvar riskerar barnen att hamna utan vägledning. Söker de bekräftelse och gemenskap på andra håll vilket löper större risk att hamna i kriminalitet.

Forskning visar att ungdomar som saknar starka föräldraskap ofta dras in i destruktiva kretsar, eftersom de inte har fått de nödvändiga ramarna och gränserna i hemmet. Här kommer jag ihåg våra grannar som hade sju barn, tre av de i min ålder, som sa att de aldrig pratar med sina föräldrar för de är upptagna med annat. Jag minns även en av mina barndomsvänner som berättade att han knappast träffar sin pappa och att han aldrig är närvarande då han har tre olika hem. Med tre olika fruar, två av de bodde i Sverige där den ena hade fem barn och den andra hade sju barn. Medan den tredje och yngsta frun bodde i hemlandet och hade tre barn från henne och var för mesta delen där. Dessa föräldrar var skilda på pappret men inte i verkligheten, då de var gifta enligt religion. Värt att nämna är att dessa kvinnor var analfabeter, arbetslösa och bodde i utanförskap och inte hade någon form av koppling till det svenska samhället.

En av de teorierna inom kriminologi som förklarar detta fenomen är teorin om sociala band, utvecklad av Travis Hirschi. Denna teori betonar vikten av starka sociala band för att hålla ungdomar borta från kriminalitet. Teorin består av fyra huvudelement: anknytning, åtagande, delaktighet och övertygelse. Anknytningen till föräldrarna är särskilt viktig, eftersom den skapar en känslomässig grund för att förstå samhällets normer och regler.

En annan viktig teori inom kriminologi som hjälper oss att förstå varför individer begår brott är Situational Action Theory (SAT), utvecklad av Per-Olof H. Wikström. Denna teori betonar att brottsligt beteende uppstår genom en kombination av individens moraliska uppfattningar och de specifika situationella faktorer som de befinner sig i. SAT fokuserar på hur individens värderingar och normer, som formas av deras sociala band, samspelar med de omständigheter och miljöer de befinner sig i vid tidpunkten för brottet. Genom att analysera både de moraliska och situationella aspekterna kan vi bättre förstå och förebygga kriminalitet. Detta innebär att vi inte bara behöver stärka individens moraliska kompass genom utbildning och samhällsengagemang, utan också skapa miljöer som minskar möjligheterna till brott genom ökad övervakning och bättre stadsplanering.

Som handledare på HVB-hem såg jag gång på gång hur ungdomar med svaga band till sina föräldrar löpte högre risk att hamna i kriminalitet. Många av dem saknade en stabil hemmiljö och hade föräldrar som inte kunde sätta gränser eller vara tillgängliga på grund av psykisk ohälsa, missbruk eller andra sociala problem som utanförskap. För dessa ungdomar blev gängen och de kriminella nätverken en ersättning för den förlorade familjen och hemmet, där kriminaliteten blev ett sätt att få den tillhörighet de saknade.

Samhällets ansvar att stödja föräldrar

Föräldrar behöver stöd för att kunna utföra sitt uppdrag på bästa möjliga sätt. Men detta stöd får inte vara något som föräldrarna kan välja att ta emot om de vill. Precis som samhället ställer krav på polisen att skydda oss, på lärarna att utbilda våra barn och på sjukvården att ta hand om oss när vi är sjuka, måste vi också ställa krav på föräldrarna. Samhället måste också erbjuda konkret hjälp, som samhällsorienteringskurser och föräldrautbildningar (föräldraskapsstöd), för att rusta föräldrar med de verktyg de behöver för att kunna vägleda sina barn på ett ansvarsfullt sätt.

Ett samhälle som inte tar föräldraansvaret på allvar riskerar att få betala ett högt pris. När föräldrar inte är närvarande eller när de inte har förmågan att sätta gränser och skapa en trygg hemmiljö ökar risken att barnen hamnar på en destruktiv väg. Det är därför avgörande att vi som samhälle ställer höga krav på föräldrarna och erbjuder dem det stöd de behöver för att kunna ta sitt ansvar och får hjälp tidigt.

I en av mina intervjuer med en polis som arbetade i ett socialt utsatt område i Malmö diskuterades hur viktigt det är att föräldrar involveras i det förebyggande arbetet. Polisen beskrev hur deras arbete ofta var reaktivt, alltså att de ingriper efter att brott har begåtts – men att en stark föräldranärvaro kunde förebygga många brott innan de ens inträffade. Polisen betonade också att det krävs ett samarbete mellan olika samhällsinstanser, där föräldrarna spelar en central roll.

Vikten av förebilder i föräldraskapet

Föräldrar bör vara positiva förebilder och vägleda sina barn med kärlek och respekt. När föräldrar uppmuntrar till våld eller är involverade i kriminella aktiviteter, skapar det en miljö av otrygghet och misstro till rättssystemet. Detta leder till moralisk fattigdom där barnen inte får de värderingar och normer som är nödvändiga för att bli ansvarsfulla och empatiska individer. Föräldrar har en avgörande roll i att forma sina barns framtid. Genom att vara goda förebilder och visa vägen med positiva handlingar, kan de hjälpa sina barn att utvecklas till moraliskt starka och ansvarstagande individer. Det är inte ekonomisk fattigdom som är central som förklaring, utan snarare moralisk fattigdom som påverkar barnens utveckling mest. Genom att föräldrar tar sitt ansvar och visar rätt väg, kan de bidra till att skapa en bättre och tryggare framtid för sina barn.

Ett av Erik Zetterströms citat lyder: "Mina barn ska minsann arbeta. Det har mina föräldrar fått göra" speglar en syn på att traditioner och vanor överförs från generation till generation. När föräldrar uppfostrar sina barn på samma sätt som de själva blev uppfostrade, skapas en form av "programmering" som kan vara svår att bryta. Detta innebär att barnen ofta tar efter sina föräldrars beteenden och attityder, vilket kan leda till att samma mönster upprepas över tid. För att bryta denna onda cykel och skapa positiva förändringar är det viktigt att föräldrarna själva tar initiativet. Genom att föräldrar engagerar sig i arbete och blir aktiva medlemmar i samhället, kan de känna sig delaktiga och värdefulla. Detta bidrar till att de delar samhällets normer och värderingar vilket i sin tur påverkar deras barn positivt.

När föräldrar tar ansvar och visar engagemang i sitt arbete och samhällsliv, blir de förebilder för sina barn. Barnen ser upp till sina föräldrar och lär sig att värdesätta arbete och ansvarstagande. Detta skapar en positiv spiral där barnen inspireras att följa sina föräldrars fotspår och bidra till samhället på ett meningsfullt sätt.

Genom att föräldrarna tar sin plats i nuet och visar vägen, kan de bryta negativa mönster och skapa en ny, positiv programmering för sina barn. Detta leder till att både föräldrar och barn utvecklas och växer som individer, samtidigt som de bidrar till ett starkare och mer sammanhållet samhälle. Det belyser att barn ofta lär sig av sina föräldrars handlingar och att arbete och ansvar är viktiga delar av uppfostran.

Det är ingen lätt uppgift att vara förälder. Särskilt inte när man kämpar med ekonomiska eller sociala svårigheter, inte minst med utanförskap och allt det innebär. Många av de föräldrar jag har arbetat med under min tid som socialsekreterare och arbetsmarknadssekreterare har själva haft svåra livsförhållanden som har gjort deras föräldraansvar ännu tyngre. Ändå förblir deras roll som barnens främsta förebilder och vägledare oersättlig då de är de första som barnen ser upp till.

Föräldraskap utan eftertanke

I dagens samhälle verkar många skaffa barn utan att reflektera över det enorma ansvar det innebär. Det sker ofta instinktivt, som en biologisk process snarare än ett medvetet val grundat på förberedelse och insikt. Att bli förälder borde inte vara något man bara *gör*, utan en genomtänkt handling där man är medveten om de konsekvenser och det ansvar som följer med.

Vi genomgår omfattande utbildning och tester för att få köra bil – vi övningskör, studerar teori och genomgår prov för att säkerställa att vi är lämpliga i trafiken. Men när det kommer till att skaffa barn som är ett betydligt större åtagande, finns inga krav på kunskap eller förberedelse. Vem funderar på om de är redo att ge ett barn trygghet, kärlek och vägledning innan de skaffar ett?

Det tragiska är att denna brist på reflektion leder till en ond cirkel. Föräldrar som själva vuxit upp utan vägledning och kunskap om barns utveckling och psykologi upprepar samma mönster. När de stöter på svårigheter vänder de sig till sina egna föräldrar, som ofta har fostrat sina barn på samma oförberedda sätt. Så fortgår det i generation efter generation, där barn växer upp utan tydlig riktning eller förståelse för sitt syfte i livet.

Att bli förälder är en av de mest ansvarsfulla roller en människa kan ha. Därför borde vi börja se föräldraskap som något vi förbereder oss för, precis som vi gör med andra viktiga livsbeslut. Först då kan vi bryta mönstret och skapa en framtid där varje barn får den stabila och kärleksfulla uppväxt det förtjänar.

Handlingsplaner och checklistor

För att skapa en trygg och strukturerad hemmiljö är det viktigt att föräldrar har verktyg som hjälper dem att organisera sin vardag och sätta upp mål för sina barns utveckling. Två sådana verktyg är handlingsplaner och checklistor.

Handlingsplaner är detaljerade planer som beskriver de steg som föräldrar behöver ta för att nå specifika mål. Dessa planer kan hjälpa föräldrar att strukturera dagliga rutiner, sätta upp långsiktiga mål och följa upp sina framsteg. En handlingsplan kan till exempel innehålla mål för barnens skolprestationer, fritidsaktiviteter och sociala utveckling.

Checklistor är enkla men effektiva verktyg som hjälper föräldrar att hålla koll på dagliga uppgifter och säkerställa att inget viktigt glöms bort. Genom att använda checklistor kan föräldrar skapa en tydlig översikt över vad som behöver göras varje dag, vecka eller månad. Detta kan inkludera allt från att hjälpa barnen med läxorna till att planera familjeaktiviteter.

Genom att använda handlingsplaner och checklistor kan föräldrar skapa en mer organiserad och förutsägbar vardag för sina barn. Detta ger barnen en känsla av trygghet och stabilitet, vilket är avgörande för deras utveckling och välmående. Dessutom kan dessa verktyg hjälpa föräldrar att bli mer medvetna om sina egna styrkor och områden där de kan behöva förbättras, vilket i sin tur kan leda till en mer positiv och stödjande familjemiljö.

Sammanfattning kapitel 1: Föräldrar som samhällets starkaste skyddsnät

Att uppfostra barn innebär mer än att bara sätta mat på bordet. Det är ett ansvar som föräldrar måste axla och samhället bör ställa krav på ett sådant ansvarstagande. Vi ställer höga krav på adoptivföräldrar för att säkerställa barns trygghet men inga sådana krav ställs på biologiska föräldrar. Detta är en paradox som vi måste våga prata om. Att bli förälder är inte bara en rättighet, det är ett ansvar – ett av de största som finns.

Andra aktörer, som polisen och lärarna, gör ett enormt arbete för att stötta dessa barn och ungdomar och förhindra att de hamnar i kriminalitet. Men det fungerar inte fullt ut utan föräldrarnas engagemang. Därför måste föräldrarna vara fundamentet i detta arbete.

Min egen uppväxt i ett så kallat utsatt område har format min syn på hur viktigt föräldraansvar och familjeband är, inte bara för att hålla unga borta från kriminalitet utan också för att hjälpa dem blomstra och bli en positiv del av samhället och inte vara en del av det som hotar eller splittrar ett samhälle.

Att föräldrar arbetar har stor betydelse för barnens uppväxt och framtida värderingar. Föräldrar är ofta de första och mest betydelsefulla förebilderna i ett barns liv. Genom att se sina föräldrar gå till arbetet får barnen en konkret bild av vad ansvar, plikt och samhörighet innebär. De lär sig att arbete inte bara är en inkomstkälla utan också en naturlig del av livet, som bidrar till samhället och skapar en känsla av identitet och mening.

När barn ser sina föräldrar investera tid och energi i sitt arbete, skapas också en förebild som visar dem vikten av att ha mål och ambitioner. Detta kan bli en drivkraft för barnen att själva vilja bidra och hitta sin egen väg i livet, med insikten att arbetsinsatser är ett sätt att bygga både personliga och samhälleliga värden.

- **Fråga**: Hur har dina egna erfarenheter av föräldraskap eller uppväxt påverkat din syn på föräldraansvar?
- **Reflektion**: Tänk på en situation där du eller någon du känner har haft en positiv inverkan på ett barns liv. Vad gjorde den personen som var särskilt effektivt?

Kapitel 2: Sociala band, SAT-teorierna och dess vikt

Starka sociala band är avgörande för att hålla unga människor borta från kriminalitet och andra avvikande beteenden. Travis Hirschis teori om sociala band förklarar detta väl och visar hur starka band till samhället minskar risken för att en individ ska begå brott. Teorin bygger på fyra centrala komponenter: anknytning, åtagande, delaktighet och övertygelse. Dessa fyra delar spelar en avgörande roll för hur en individ förhåller sig till samhällets normer och regler.

Hirschis teori förklarar ungdomsbrottslighet genom individens interaktion med samhället och dess normer och värderingar. I stället för att fråga varför vissa begår brott, fokuserar teorin på varför inte alla gör det, och hur social kontroll genom starka band kan förhindra brott Hirschi, 1969, 2002).

Sociala band och kriminalitet

Människors väg i livet formas till stor del av de sociala band de skapar, de kan antingen stärka individens ansvarskänsla och samhällsengagemang eller vid brist leda till kriminalitet. Föräldrar har en central roll i att bygga dessa band och deras ansvar är avgörande för att barn ska känna sig delaktiga i samhället. Den amerikanske sociologen och kriminologen Travis Hirschi introducerade teorin om sociala band i sin bok Causes of Delinquency (1969). Hans teori tillhör kontrollteorierna och utgår från att alla människor har en inneboende impulsivitet som kan leda till brott men att starka sociala band fungerar som en skyddande faktor. Enligt Hirschi är det bristen på integration i samhället och dess normer som ökar risken för avvikande beteenden. När sociala band försvagas eller bryts ökar sannolikheten för kriminalitet.

Hirschi identifierade fyra centrala komponenter i sociala band:

1. Anknytning – Individens relationer till familj, skola och vänner. Starka relationer skapar en känsla av ansvar gentemot andra och minskar risken för normbrytande beteenden. Ungdomar med svaga familjeband, ofta på grund av socioekonomiska faktorer eller brist på integration, löper högre risk att dras in i kriminalitet.

2. Åtagande – Investering i framtida mål, som utbildning och arbete. När en individ har lagt tid och energi på att bygga en framtid, minskar viljan att riskera detta genom brottsliga handlingar.

3. Delaktighet – Engagemang i positiva samhällsaktiviteter, som skola, fritidsaktiviteter och föreningsliv. En person som är aktiv i legitima sammanhang har mindre tid och motivation att engagera sig i kriminalitet.

4. Övertygelse – Individens tro på lagar och samhälleliga normer. Den som accepterar och respekterar samhällets regler är mindre benägen att bryta mot dem.

Hirschi menade att dessa band är ömsesidigt beroende av varandra. Om ett band försvagas kan det leda till att även de andra blir instabila. Till exempel kan en svag anknytning till familjen leda till bristande engagemang i skolan och låg tilltro till samhällets normer. Därför är det avgörande att stärka dessa band tidigt, genom insatser från både föräldrar och samhället (Hirschi, 1969, 2002).

Teorin om sociala band understryker vikten av att samhället investerar i familjestöd och förebyggande insatser. När föräldrar engagerar sig i sina barns liv och samhället ger stöd och vägledning, minskar risken för kriminalitet och en stabilare grund för framtida generationer skapas.

Det finns de som anser att sociala band-teorin inte förklarar varför vissa ändå begår brott, trots starka band men den ger ändå en kraftfull modell för att förstå riskfaktorer (Hirschi, 1969, 2002). Därför är det viktigt att komplettera denna teori med ett kritiskt perspektiv: alla starka band är inte nödvändigtvis skyddande.

I de allra flesta fall bidrar nära relationer mellan barn och föräldrar till att barnet formas med sunda värderingar och empati. Det finns också situationer där starka band kan innebära att kriminella eller normbrytande beteenden förstärks snarare än motverkas.

Vad händer om föräldrarna, trots att de är närvarande, kärleksfulla och engagerade samtidigt lever i en miljö där brott är normaliserat - till exempel inom organiserad ekonomisk brottslighet, korruption eller vissa gängmiljöer? Då kan banden som bildas mellan barn och förälder i stället förstärka just de destruktiva normerna.

I dessa fall fungerar relationen mer som en brottslig socialisering än ett skydd. Det påminner om vad kriminologen Edwin Sutherland kallade för *differentiell association* – att människor lär sig normer, tekniker och motiv till brott genom nära relationer till andra med kriminella värderingar.

Det visar att vi inte kan se starka band som skyddande i sig själva. Det avgörande är innehållet i banden – alltså de värderingar och gränser som föräldrarna kommunicerar. Att skapa en stark relation till sitt barn är viktigt men den måste alltid kombineras med att vägleda barnet till ett liv i harmoni med samhällets lagar och normer.

SAT (Situational Action Theory)

För att komplettera sociala band-teorin kan vi också använda Situational Action Theory, utvecklad av Per-Olof H. Wikström (Wikström, 2010). Jag har valt att inkludera SAT i denna bok eftersom den ger en tydlig bild av hur både individens moral och den omgivande miljön spelar en roll i beslutet att begå brott. Denna teori hjälper oss att förstå varför vissa individer begår brott medan andra inte gör det, trots att de befinner sig i liknande situationer. Genom att kombinera sociala band-teorin med SAT kan vi få en mer komplett bild av hur vi kan förebygga brott och stödja barns utveckling.

Situational Action Theory (SAT), utvecklad av Per-Olof H. Wikström (2010), fokuserar på hur individens moraliska uppfattningar och den omgivande miljön samverkar i beslutet att begå brott. Det är en teori som ser brott som en handling som uppstår i mötet mellan benägenhet (moral och självkontroll) och exponering (miljö och situationer som främjar brott). Till skillnad från teorier som fokuserar på bakgrund eller struktur, ser SAT till den konkreta situationen och individens aktiva val.

Moraliska uppfattningar och benägenhet

SAT betonar vikten av moral – alltså individens uppfattning om vad som är rätt och fel. En person med stark moral kommer sannolikt inte ens uppfatta brott som ett alternativ (Wikström, 2010). Men om moralen är svag eller inte aktiveras i situationen, kan brott framstå som ett acceptabelt handlingsalternativ.

Det är viktigt att förstå att även en person med stark moral kan ha situationer där deras moraliska uppfattningar inte aktiveras fullt ut. Detta kan bero på olika faktorer, som stress, grupptryck eller en känsla av att vara i en desperat situation. I sådana fall kan även en person med stark moral överväga att begå brott om deras moraliska kompass inte är aktiv i just den situationen.

Situationella faktorer och miljöpåverkan

Individer agerar inte i ett vakuum. Enligt SAT påverkar miljön starkt vilka val som uppfattas som möjliga. Låg social kontroll, närhet till brottsliga nätverk och brist på vuxennärvaro ökar sannolikheten att brott uppfattas som ett alternativ (Wikström & Treiber, 2017).

Perception och valprocess

I varje situation gör individen en tolkning – en perception – av vad som händer och vilka alternativ som finns. Beroende på den moraliska kompassen och tidigare erfarenheter, görs ett val. Valet kan ske överlagt eller vanemässigt (Wikström, 2010).

Självkontrollens roll

Wikström och Treiber (2017) visar att självkontroll är både en personlig egenskap och beroende av situationen. En individ med låg självkontroll som dessutom befinner sig i en miljö som tillåter brott, löper större risk att handla impulsivt.

Frestelser och provokationer

SAT erkänner att brott ibland sker på grund av frestelse eller känslomässig provokation. Det avgörande är hur individens moral samspelar med dessa situationer – det vill säga om moralen är tillräckligt aktiverad för att stoppa handlingen (Wikström & Treiber, 2017).

Urval

För att förstå teorin om sociala band och SAT (Situational Action Theory) bättre har jag intervjuat fem personer. Fem personer valdes ut för intervjuerna och alla hade någon form av viktig och avgörande befattning inom verksamheter som berör barn och familj.

Den första intervjupersonen jobbar som områdeschef hos polisen, den andra intervjupersonen var sektionschef på socialtjänsten, medan den tredje jobbar som behandlare hos socialtjänsten på en enhet som heter Lyftet. Det är en insats Malmö stad har för ungdomar och syftar till att ge ungdomar en andra chans genom att erbjuda utbildning, arbete och strukturerade aktiviteter som kan hjälpa dem att bryta med sitt kriminella förflutna. Den fjärde intervjupersonen jobbar som kurator på en skola och den femte är före detta kriminell. Samtliga har direktera kopplingar till så kallade särskilt utsatta områden.

I och med att alla medverkande ska hållas anonyma så är samtliga namn fingerade. Jenny, som är områdeschef hos polisen, jobbar med ungdomar från hela Malmö sedan sex år tillbaka och har varit hos polisen sedan 2008 i Polisregion Syd. Matilda arbetar som sektionschef på ett av socialtjänstens kontor i Malmö och har varit chef i drygt fem år, samt har många års erfarenhet inom familjehemsvården. Johan arbetar som behandlare på socialtjänsten "Lyftet" i Malmö och har många års erfarenhet av arbete med ungdomar. Karin är socionom och har jobbat som kurator på en skola i särskilt utsatta områden i Malmö i sex år och den sista är Allan som är före detta kriminell.

Intervjupersonerna fick själva bestämma platsen för intervjun, vilket resulterade i att samtliga möten ägde rum på deras arbetsplatser förutom den femte som ägde rum på ett bibliotek i Malmö.

Teorin om sociala band i praktiken – koppling till intervjuerna

Anknytning: Grunden för sociala band

Den första och kanske viktigaste komponenten i sociala band-teorin är anknytningen till föräldrarna. Föräldrarna är barnets första och mest betydelsefulla kontakt med världen. Genom anknytningen lär sig barnet att skapa tillit och förstå vilka värderingar och normer som är viktiga. När föräldrar är närvarande, engagerade och visar kärlek och stöd för sina barn skapas en stark känslomässig anknytning som gör att barnen inte vill göra sina föräldrar besvikna.

I mitt arbete som handledare på HVB-hem såg jag ofta hur ungdomar som hade svaga anknytningar till sina föräldrar var de som löpte störst risk att hamna i kriminalitet. De hade vuxit upp i hem där föräldrarna var frånvarande eller inte kunde vara tillgängliga. Gängen och kriminella nätverk blev för dem en form av familj som erbjöd den tillhörighet och struktur som de saknade i sina hemmiljöer. Detta är också något som bekräftades i flera av mina intervjuer jag genomförde med socialtjänsten, skolan, polisen och en före detta kriminell i Rosengård. De betonade vikten av att föräldrarna engagerar sig i sina barns liv, för att motverka att barnen söker sig till destruktiva grupper.

Ett exempel på detta är en pojke som bodde på ett HVB-hem jag arbetade på. Han hade vuxit upp utan någon verklig kontakt med sina föräldrar och sökte sig tidigt till gäng för att hitta den struktur och gemenskap som han saknade hemma. Trots att flera insatser gjordes för att stödja honom var bristen på anknytning till föräldrarna en stor faktor som påverkade hans livsval. Han beskrev ofta hur gänget blev hans "riktiga familj" och kallade äldre gängmedlemmar som utnyttjade honom för ”mina storabröder”, att det var där han kände sig uppskattad.

Alla mina intervjupersoner betonar vikten av hemmet, skolan, vänner och fritidsaktiviteter som avgörande och skyddande faktorer för att förebygga ungdomsbrottslighet samt att fånga upp och förebygga den i tidig ålder genom så kallade sociala kontrollen gentemot ungdomar och deras familjer. De lägger även stor vikt vid att allt börjar hemifrån och att det är grunden till allt annat. Detta leder till att välja bättre vänner, satsa på skolan samt tro på samhällets normer och rättssystem eftersom man växer upp med familjen som också följer dessa aspekter. Svaga band till föräldrar, skolan och vänner kan vara orsaken till att ungdomar begår brottsliga handlingar (Hirschi, 1969, 2002).

Hirschi går även igenom skillnaden mellan konventionella föräldrar och okonventionella föräldrar där det som skiljer är mer socioekonomisk status och klass. Det som mer kännetecknar är låg utbildningsnivå, dåliga arbetsrelationer, ingen eller svag anknytning till samhället och dess funktioner (Hirschi, 1969, 2002).

Anknytning till familj/hemförhållanden

Samtliga intervjupersonerna belyser att hemmet har den största och viktigaste rollen medan skolan har den effektivaste rollen. Förklaringen är att det är först i hemmet man bildar sin identitet och börjar ta sig ut till de andra stationerna i livet och att det är i hemmet man bildar uppfattningen om hur samhället fungerar och vad individen har för åsikt gällande samhället och dess funktion, som skolan, polisen, socialtjänsten. Matilda från socialtjänsten menar att ungdomarna ser till sina föräldrar och hen försöker alltid att förklara för dessa föräldrar vikten av att vara en god förebild för barn och att ungdomarna påverkas av dem. Hon säger att socialtjänsten finns där för hjälp och stöd, då dessa familjer inte har förtroende för myndigheter och tror att vi vill ta deras barn ifrån dem.

Polisen uttrycker att familjen har den viktigaste och mest avgörande rollen om en ungdom hamnar i kriminalitet.

Även Johan från Lyftet poängterar betydelsen av hemmet och menar att ungdomens identitet byggs tidigt i hemmet. Om man har en bra grund blir det svårt att kunna förstöra den. Skolan belyser också föräldrarnas viktiga roll och menar att det inte alltid lätt för barnen att lyckas när allt brister i hemmet. ”Jag tror att föräldrarna har den största rollen. Har du en trygg familjegrund är det inte mycket som kan rubba den. Det som är avgörande för ungdomsbrottslighet är relationen till hemmet, skolan, vänner och fritid… det är en mix. Men i grund och botten: Har du föräldrar som är delaktiga och insatta i sina barns liv, så brukar det gå bra.”. ” Men har man dåliga föräldrar, eller är man en dålig förälder så är oddsen höga för att det går dåligt för ditt barn också” (Johan, lyftet)

Jenny från polisen säger att man inte ska glömma att utbilda dessa familjer om hur allt funkar i Sverige och vart de kan vända sig. Även socialtjänsten menar att det är viktigt att föra en dialog med föräldrarna om oron som finns samt om de behöver hjälp eller stöd därifrån.

”Jag tänker om man börjar med hemförhållandena så är det jättetydligt det man ser bland ungdomarna att de inte har respekt för föräldrarna och där man känner när man kommer hem till någon, att de inte kan prata med varandra längre, alltså de har tappat sin relation. Jag tänker en familj ska vara liksom som ett företag, man ska jobba tillsammans [...] och där har föräldrarna oftast tappat det helt och skulle behöva ha föräldrautbildning." (Jenny, polisen)

Matilda från socialtjänsten menar att de alltid är där för att kunna erbjuda hjälp och stöd och kan stötta föräldrarna för att kunna klara av föräldraskapet på bästa sätt. Matilda framhåller också att de alltid försöker att förklara och informera om det brister i deras föräldraskap.

"Det kan vara så att barnen/ungdomen har allt ansvar både i hemmet och utanför, allt ifrån att handla i affärer eller när läraren eller sjukvården ringer och då räcker de telefonen till sitt barn, "vad sa läraren/ sjukvården nu." Eller om man öppnar ett brev, "vad står här." ... det är jätteviktigt att barnet måste få vara barn. Då måste vi utreda föräldraförmågan och föräldrarnassituation och sen barnet och barnets situation (Matilda, socialtjänsten).

Hirschi (1969, 2002) belyser att trygghet, stöd, tillit, kärlek och engagemang är viktiga faktorer för att individen inte begår brott. Med detta menas att barn som får trygghet, engagemang och kärlek från föräldrarna tenderar att vara mindre brottsbenägna än barn som brister eller saknar det, för då påverkas den sociala kontrollen genom att stärkas eller försvagas. Karin från skolan belyser även trångboddhet samt hur svårt det är för ungdomar med föräldrar som inte kan språket och inte kommit in i samhället att klara sig.

[...] kan vi också koppla på trångboddhet. För att föräldrar inte tar in och ser barnen i alla deras miljöer. De ser inte hela barnet.

Det skapar ju också att barnet lever lite grann ett dubbelliv. Vi har många föräldrar som skaffar väldigt många barn, sedan blir det tyvärr så, vilket jag har sett flera gånger – att de äldsta barnen tar ett enormt ansvar. Och trångboddheten… Tänk dig nio personer i en trea. Var ska du sitta och plugga till ett prov? Du kan inte ta hjälp av dina föräldrar för de kan inte svenska. Det är många barn som har det lite svårt i skolan." (Karin, skolan)

Något som även Johan bekräftar "När man bor trångt med flera syskon och föräldrar som inte kan svenska, så vill man inte stanna hemma där det är trångt och man inte får läxhjälp efter skolan. Då väljer man att gå ut och hittar individer som delar samma situation. Detta väcker negativa känslor och leder till att man börjar leta efter spänning eller vilja tjäna lätta pengar genom exempelvis snatteri, som nu har utvecklats till mordbeställningar."

Detta har Hirschis (1969, 2002) belyst med sin "anknytning". Om barnet har en bra anknytning till sina föräldrar anses detta vara den avgörande aspekten för om en individ kommer att begå brott. Om individen har bra och fungerade sociala band till sina föräldrar löper individen mindre risk att bryta normer och värderingar som hen har lärt sig av föräldrarna, det vill säga den har en starkare socialkontroll. Barn som tenderar att ha föräldrarnas värderingar i åtanke när de handlar och fattar beslut löper lägre risk att bli kriminella (Hirschi, 1969, 2002).

Karin från skolan menar att mellanutanförskapet måste upphöra och det gör man genom att föräldrarna erbjuds utbildningar. Mellanutanförskap uppstår när barn får olika budskap från föräldrar och skola, vilket leder till att de skapar egna nätverk och sanningar. För att motverka detta bör föräldrar erbjudas utbildningar.

Både socialtjänsten och skolan belyser vikten av föräldrars ohälsa som en tänkbar grund till att de inte uppfyller sina roller i föräldraskap.

"Man kan också ha föräldrar som är i fullständig stress och egen kris, där det blir en avsaknad av vuxennärvaro. Är man allt för i stress och egen kris, så naturligtvis, av förklarliga skäl, så har man inte den orken och den kapaciteten för att vara lyhörd, vara uppmärksam, vara stöttande" (Matilda, socialtjänsten).

Även Jonas Ring (1999) har i sin forskning belyst sambandet mellan familjesituationer och social kontroll, där brister i familjer påverkar individens socioekonomiska ställning vilket löper större risk att begå brott.

Jenny från polisen belyser att man ska låta barnen och ungdomar få vara barn eller ungdomar och inte lägga till de andra ansvar, som föräldrar gör när de inte vet hur saker och ting fungerar i samhället. Jenny betonar också vikten av att ge stöd och medel till föräldrarna för att kunna utföra sin roll på ett bra sätt genom h att ha koll på sina barn. Hirschis teori om sociala band redogör för anknytning mellan barn och föräldrar som påverkas av övervakning. Att föräldrar som har bra kontroll över sina barn innebär lägre brottsbenägenhet hos barn. Med detta menas att föräldrarna har koll på barnets vänner och aktiviteter, inte genom att ha stränga regler (Hirschi, 2002).

"…sedan måste vi, vi har många föräldrar som skaffar väldigt många barn, sedan blir det tyvärr så, vilket jag har upplevt flera gånger att de äldsta barnen tar väldigt stort ansvar. Jag skulle ju önska att jag kunde sätta mer krav på föräldrar." (Karin, skolan).

Även Allan som är f. d. kriminell ger bild som delvis liknar de andra intervjupersoner ger gällande anknytning till familj. Han säger att det inte är så konstigt att han inte hade en stark anknytning, då han aldrig fick den kärlek och uppmärksamhet andra barn fick. Han delade den med sex andra syskon och såg sin mamma som ständigt trött, medan pappan var frånvarande eftersom han hade en annan fru och familj i hemlandet där han delvis bodde. "Jag hade inte den respekten för mina föräldrar som jag borde haft för rollerna var omvända. Barnen blev föräldrar och föräldrarna barn, eftersom de inte kunde språket och inte visste hur samhället fungerade, vare sig det gällde uppfostran, ekonomi, kärlek eller normer." (Allan)

Han gav, precis som Matilda och Karin, ett exempel på hur han och hans syskon läste breven åt föräldrarna, även de brev som uttryckte oro gällande barnen. När dem förklarade att skolan var orolig över det barn som läste brevet, förstod inte föräldrarna innebörden och kastade bara brevet. De hade inte tid att diskutera eller reflektera över det, eftersom de var tvungna att laga mat, tvätta, städa eller göra andra hemsysslor.

Han berättar vidare: ”Mina föräldrar var i kris, vilket ledde till brist på deras närvaro. De hade inte kapaciteten att vara stöttande eftersom de levde i det förflutna och framtiden och glömde bort nuet. Trots att de bott här i över 25 år, hade de hemlängtan och ingen koppling till Sverige. Vi hade inte ens svensk TV eller svenska kanaler, så de hade ingen aning om vad som händer här i Sverige."

Anknytning till vänner

Hirschi menar att relation till vänner i första hand handlar om självkänsla där individen med starka sociala band söker sig till andra med starka sociala band och de som har sämre självkänsla och svaga band söker sig liknande individer. (Hirschi, 2002).

”Man kan absolut bli påverkad av sina vänner. Usch ja, fast tyvärr brukar det oftast vara till det negativa, inte det positiva.” (Johan, lyftet).

Johan från Lyftet tar även upp att ungdomar alltid söker sig till och hittar sina idoler och förebilder. Då kan andra vuxna, bland annat föräldrar, skolan och till exempel idrotts eller musikföreningar hjälpa ungdomar att hitta förebilder på ett bra sätt, det vill säga förebilder som inte är kriminella. Att de hittar någon att bli inspirerad av.

Anknytning till bra förebilder kan ha en brottspreventiv inverkan genom att upprätthålla en social kontroll. Vidare kan grupptryck och ett icke kriminellt handlande förklaras utifrån teorin sociala band och dess anknytning. Detta genom att vänners värderingar och normer appliceras och genom social kontroll förväntas efterföljas. Samma sociala kontroll gäller det grupptryck som leder till kriminalitet varav en avsaknad av sådant är väsentligt (Hirschi, 1969, 2002).

Man ska heller inte glömma sociala mediers påverkan på individen då den sociala kontrollen inte kan styras på samma sätt, då allt sker i individens privata mobil samt att innehållet kan variera beroende på vad individen söker efter. När dessa ungdomar saknar koppling till samhället i form av närvarande föräldrar, skolnärvaro eller till exempel föreningsaktivitet leder det till att de hamnar med vänner eller i grupper som inte har samhällets normer och värderingar (Hirschi, 1969, 2002).

”Jag trodde att ungdomar har det lättare i dag med alla verktyg men sociala medier som Instagram och TikTok har förändrat samhället. Ungdomar känner utanförskap om de inte har de finaste kläderna och smyckena och ibland skaffar de dyra saker genom olagliga vägar för att visa upp på sociala medier." (Johan, lyftet)

Jenny från polisen menar att de blir mest påverkade av vänner och fortsätter: "Man präglas först och främst av familjen och sedan av vännerna. Ju äldre ett barn blir, desto mer umgås de med vänner utanför familjen. Om familjegrunden inte är stark, påverkas de mer av sina vänner. Ungdomar från samma områden, där föräldrarna har svårt att komma in i samhället, pratar mer med varandra än med andra." (Jenny, polisen)

Vänner och umgängeskretsen utöver föräldrar räknas också som viktiga delar i individens konventionella relationer (Hirschi, 1969, 2002).

Matilda från socialtjänsten lyfte precis som Hirschi (1969, 2002) trygghet och stöd som är viktiga och betydelsefulla för individen, med detta menar hon att individens relation till föräldrarna och vänner kan samspela med den sociala kontrollen (Hirschi ,1969, 2002).

"Goda och positiva relationer, oavsett om det är med familj, lärare eller vänner, är en skyddsfaktor. Speciellt viktiga är positiva relationer med jämnåriga vänner." (Matilda, socialtjänsten)

Karin från skolan tycker precis som socialtjänsten att det blir enklare och tryggare att hålla sig till vänner som delar eller har liknande erfarenheter.

"Ungdomar påverkas av grupptryck och vill passa in. En flicka bar slöja på grund av grupptryck i skolan men slutade när hon bytte skola." (Karin, skolan)

” När ungdomar träffar vänner som delar samma upplevelser, skapar de ofta sin egen verklighet och sanning. Detta ger dem en känsla av trygghet eftersom de känner att någon är likadan som de själva. Sådana ungdomsnätverk kan ibland bli så viktiga att de överträffar relationerna med föräldrarna. Jag tror att vänner har störst påverkan på dem.” (Karin, skolan)

Karin menar att den anknytningen eller de sociala banden blir starkare än de andra. Teorin går ut på att det finns ett samband mellan vilka vänner individen umgås med och brottsbenägenheten. Det vill säga individen som inte tenderar vara i riskzonen kan påverkas av vänner som är där eller vice versa, att individen med vänner som är laglydiga tenderar att efterfölja normer och värderingar som vännerna och samhället har (Hirschi, 2002).

"Relationen till vänner handlar främst om självkänsla. Individer med starka sociala band söker sig till andra med starka sociala band, medan de med låg självkänsla söker sig till liknande individer. De flesta barn som bodde där hade låg självkänsla och sökte sig till andra med lika låg självkänsla. Fritidsgårdar blev platser för att mötas, stärka dessa känslor och planera brottsliga handlingar, särskilt under vintern när det är kallt att vara ute. Sociala medier påverkar individen, då den sociala kontrollen inte kan styras på samma sätt när allt sker i individens privata mobil. När dessa ungdomar saknar koppling till samhället i form av närvarande föräldrar, skolnärvaro eller föreningsaktiviteter, leder det till att de hamnar med vänner eller i grupper som inte delar samhällets normer och värderingar. De vill känna sig uppskattade genom att ta brottsliga beställningar för att kunna köpa dyra jackor eller klockor redan vid 13–15 års ålder."

Allan håller med Johan om att sociala medier som Instagram och TikTok har förändrat samhället. "Ungdomar känner utanförskap om de inte har de finaste kläderna och smyckena och ibland skaffar de dyra saker genom olagliga vägar för att visa upp på sociala medier. Det har blivit enklare att visa upp sig över allt och när de gör det vill andra också ha dyra kläder och smycken. Det är en annan typ av fattigdom som handlar om att synas och passa in, snarare än ekonomisk fattigdom." (Allan, skolan)

Åtagande: Långsiktiga mål och ansvar
Den andra komponenten i sociala band-teorin är åtagande. När en individ har ett starkt åtagande gentemot sina egna mål och framtidsplaner blir det svårare att riskera allt genom att begå brott. För ungdomar som är engagerade i sin utbildning, sitt arbete eller andra aktiviteter fungerar åtagandet som ett skyddsnät mot kriminalitet.

Min erfarenhet som socialsekreterare ger vid handen hur viktigt det är för unga att ha tydliga mål och planer för framtiden. Många av de ungdomar jag arbetade med saknade tydliga mål och kunde inte se någon framtid för sig själva. Detta gjorde att de ofta gav upp och sökte sig till kriminella kretsar där de kunde få snabba pengar och erkännande. Ett tydligt exempel är de unga jag arbetade med som hade hoppat av skolan. När de återfick struktur och sattes tillbaka i skolan minskade deras benägenhet att hamna i destruktiva miljöer drastiskt.

Polisen jag intervjuade betonade vikten av att skapa åtaganden för ungdomar redan i tidiga år. Hen beskrev hur ungdomar som inte hade något att sträva efter eller någon känsla av ansvar ofta hamnade i brottslighet, eftersom de inte hade något att förlora. Att skapa tydliga mål, antingen genom skolan eller genom andra aktiviteter, var en av de viktigaste förebyggande åtgärderna enligt polisen.

Åtaganden mot högre utbildning och arbete

Hirschis band-åtaganden hänger ihop med skolan och individens intresse för studier och mål inför framtiden, där utbildning och arbete är bevis på hur sociala band startas. Samtliga intervjupersoner ansåg att skolan var den mest effektiva och mest förebyggande metoden mot kriminalitet. Den individ som inte har starka sociala band till skolan kan ha större risk att begå kriminella handlingar (Hirschi, 2002). Teori om sociala band och dess samtliga fyra aspekter kan passa in på skolan och inte bara åtagande. Exempelvis kan anknytning handla om individens relation till skolan, lärare och kamrater medan åtaganden och delaktighet kan handla om individens engagemang och intresse i skolan. När ett eller flera band bryts eller försämras kan individen tappa socialkontrollen och hamna i kriminalitet (Hirschi, 2002).

Johan från Lyftet belyser skolans viktiga roll i individens liv och menar att det är viktigt att fokusera mer på de här delarna som tillhörigheten, än att man ska känna sig som en del av skolan och samhället. Att skolan inte bara ska undervisa utan även vägleda. Att individen ska känna sig som en del av funktionen och kunna påverka och bli påverkad av. Samt att det finns stora problem i skolan som inte fångas upp tidigt, innan Lyftet får remissen.

”Detta här måste fångas upp lång tid innan och då är det skolan, för att lärarna träffar dem varje dag. Socialtjänsten i så fall som ska också få signaler från skolan i så fall om det är någonting ju. Man kan kalla det ond eller god cirkel ju, beroende på vilket håll det går.” (Johan, Lyftet)

Johan menar också att skolan bör moderniseras och utgå från individens förutsättningar och vad individen är bra på i stället för att ha fyrkantiga skolverksregler som inte gynnar individen. ”Jag vet att gymnasiet har blivit jättebra på att fånga upp elever. Nu finns till exempel de här linjerna och gillar du att skejta, då kan du gå den här skolan. Ett av ämnena kan vara skejtande, som är en del av föreningslivet. Sådant gillar ungdomar och så bör grundskolan fungera.” (Johan, Lyftet)

”Som jag har förstått många av de här människornas hemländer så man lämnar sitt barn till skolan och sen där släpper du också ansvaret, så är det skolan som har ansvaret för ditt barn och sen är det läraren då, det är den som bestämmer och det är dennes ord som är lag. Och sen så lämnar barnet skolan, då är det föräldrarna som tar vid det här ansvaret och man pratar i princip inte med skolan. Och då tänker jag, om det nu är så kan man ju förstå den här svårigheten som skolan oftast uttrycker att man har svårigheter att samarbeta med föräldrarna.” (Jenny, polisen)

I en granskning som TV4 Nyheterna publicerade den 8 december 2021, undersöktes betygsresultat i grundskolan där de plockade ut enbart pojkar i kommunala skolor i storstädernas så kallade "särskilt utsatta områden". Nästan 1000 pojkar slutade nian vårterminen 2021 och mindre än hälften hade fullt godkända betyg, vilket innebär mer än 500 sextonåringar varje år i områden med risker för rekrytering till kriminalitet (TV4, 2021).

Polisen pratar även om rekryteringar som sker och pekar på en granskning som visat att mer än hälften av personerna som har gått ut grundskolan har icke godkända betyg. Detta tar Ring (1999) upp i sin studie som säger att det finns ett samband mellan ungdomarnas skolgång och risken för ökad kriminalitet och menar att ungdomar som har sämre betyg eller saknar betyg löper större risk att hamna i kriminalitet (Ring 1999).

Så här svarar polisen på frågan om att mer än hälften av elever i så kallade utsatta områden har gått ut 9an med icke godkända betyg:

"Detta är ett stort problem och det har kopplingarna till både skolan och hemförhållanden. Jag svarar nu egentligen för skolan och om man inte har en fungerande skolgång, då är man absolut i farozonen till att hamna på gatan, det vill säga i kriminella nätverken. För det är väl mycket det man ser hos de som inte går bra för." (Jenny, skolan)

Jenny från polisen menar att skolan behöver fler lärare för att kunna kartlägga och fånga upp stökiga elever och minimera risken till att de hamnar i utanförskap eller kriminalitet.

"Ja, jag tror att skolan hade behövt mer resurser, speciellt i sådana här områden. Jag tycker det är konstigt att man likställer alla skolor, jag tycker liksom att skolan i särskilt utsatta områden behöver ha mer ökande resurser och mindre klasser" (Jenny, polisen)

Karin från skolan menar samtidigt att det inte är skolans uppgift att uppfostra barnen utan de är där för att lära sig, gå ut med att godkända betyg så de kan klara sig vidare i samhället och målet är alltid detsamma:

"Skolans uppgift är att våra elever ska klara skolan. För klarar de skolan så öppnar det också upp för att kunna klara sig vidare i samhället och komma ifrån alla de faror som finns för dem på vägen. Men det räcker inte det heller, utan jag tänker också att jag måste kunna samverka med alla runt omkring, jag tänker att jag måste vara villig att ta ett steg ut och jag behöver göra det som krävs helt enkelt" (Karin, skolan).

Så här säger Karin från skolan om det faktum att mer än hälften av elever i så kallade utsatta områden har gått ut 9:an med icke godkända betyg:

"Jag är inte förvånad, jag ser det ju på skolan… är mållös, vilka problem vi tampas med. Det är säkerligen en väldigt ärlig bild. Då är du i kaos varje dag. Du är i bråk med elever varje dag. Kanske har vi byggt ett skolsystem som inte passar alla barn och framför allt inte de barnen som vi i dag klassar som neuropsykiatriska diagnoser. För vi har ett skolsystem som bygger på väldigt mycket på måsten och då det är tufft att gå i skolan. Det är väldigt mycket som ska in, det är väldigt mycket måsten. Så jag tycker att man skulle se över vårt skolsystem. Det ska vara ett skolsystem som faktiskt passar alla. Det ska vara också ett skolsystem som fångar upp, är du inte duktig i de teoretiska ämnena, så ska du fångas upp tidigt i de praktiska ämnena" (Karin, skolan).

Jonas ring (1999) tar upp detta och menar att det finns ett samband mellan ungdomarnas skolresultat och brottsliga handlingar och menar att ungdomar som har låga eller inga betyg i skolan löper större risk för kriminalitet.

Karin från skolan belyser även bristen på handlingsutrymme och menar att de flesta och absolut viktigaste besluten som rör eleverna ligger på nationell nivå hos Skolverket.

Matilda från socialtjänsten uttalar sig om det faktum att mer än hälften av elever i så kallade utsatta områden har gått ut 9:an med icke godkända betyg:

”Jag säger att jag kan bekräfta men vi ser ju att vi har bekymmer med skolfrånvaro. Vi jobbar med det bekymret på olika sätt. Detta är ju ett delat ansvar. Det största ansvaret är ju vårdnadshavarens ansvar, att se till att ens barn kommer till skolan men också motivera till att gå till skolan, lämna hemmet för att ta del av skolan. Men också att när den kommer hem, gör sina skoluppgifter och så. Så i första hand är det faktiskt vårdnadshavaren och eleven som har det ansvaret.” (Matilda, socialtjänsten)

Matilda fortsätter: ”Skolan har ett ansvar för eleverna som är i skolan, man gör det på olika sätt. Men deras främsta fokus är att lära ut våra barn, de är där för att undervisa våra barn, så våra barn kan tillgodogöra sig den kunskap som de lär ut. Sedan är det så, det vet vi också, att när barn går till skolan, så är det ju ett antal, viss procent som de sitter i lektioner. Har tid för inlärning och sen har vi all annan tid som är deras sociala tid fast på skolan. Innan skolan börjar, under raster, under lunchtimmen och sen efter raster igen.”

Allan säger: ”Jag tänkte aldrig på någon framtid med skolan eller karriären, för det var något jag inte hade sett från min familj eller från området och vänner jag växte upp med. Precis som många andra gick jag ut grundskolan utan slutbetyg, för vi behandlade skolan som en fritidsgård. Vi kom och gick som vi ville och när skolan signalerade problem blev det inga konsekvenser från föräldrarna, så vi bara fortsatte. Vi hade inga framtida mål, vi levde i nuet medan våra föräldrar levde i det förflutna och framtiden, vilket gjorde att vi inte var närvarande eller förstod varandra.” (Allan)

Allan fortsätter: ”Våra lärare gjorde allt de kunde men varken jag eller mina föräldrar var mottagliga. Mina lärare var inte bara lärare, utan också psykologer, föräldrar och vänner. De ägnade mycket tid åt sådant som inte hade med undervisningen att göra, bara för att försöka få oss att vända riktning. Även om de skulle lyckas, fanns det den tiden de inte var med oss, nämligen hemma, där allt bara brast."

Precis som Karin från skolan var inne på så håller Matilda från socialtjänsten med om att skolan har brist på handlingsutrymme och menar att skolans främsta fokus är inlärning, att lära våra barn. De är där för den pedagogiska verksamheten och därför blir det också svårt för dem att hinna med allt annat som jag menar också pågår på skolans arena.

När det kommer till åtagande gentemot sina egna mål och framtidsplaner blir det svårare att riskera allt genom att begå brott. För ungdomar som är engagerade i sin utbildning, sitt arbete eller andra aktiviteter fungerar åtagandet som ett skyddsnät mot kriminalitet. "Jag visste detta, precis som många andra i området men hade inga förutsättningar att kunna göra det när mina föräldrar inte var närvarande och vi inte hade råd att vara med i en fotbollsklubb som krävde betalning för medlemskap, skor och träningskläder. I stället gick jag ut och delade samma problem med andra och investerade i något som inte kostade oss några pengar, utan snarare gav oss snabba pengar." säger Allan.

Delaktighet: Att vara en del av samhället

Den tredje komponenten är delaktighet, vilket innebär att individen är engagerad i positiva aktiviteter som skola, arbete, fritidsaktiviteter och familjeliv. Genom att vara delaktig i samhället och känna sig som en viktig del av det minskar risken för att man ska vända sig bort från samhällets normer och regler.

Under mina studier i kriminologi har jag lärt mig att delaktighet inte bara handlar om att ha en plats i samhället, utan också om att känna sig behövd och värdefull. Ungdomar som inte känner att de har en viktig roll i samhället riskerar att vända sig till destruktiva och kriminella aktiviteter för att fylla tomrummet. En polis som jag intervjuade beskrev detta som en av de mest frustrerande aspekterna av deras arbete – att se ungdomar som saknade syfte och därför lätt drogs in i gängverksamhet. Delaktighet handlar om att hålla sig upptagen med aktiviteter som är produktiva och positiva. Ungdomar som är engagerade i skolan, fritidsaktiviteter, sport eller andra former av samhällsengagemang har mindre tid och benägenhet att engagera sig i brottsligt beteende. Det gamla talesättet "sysslolöshet är roten till allt ont" har en kärna av sanning särskilt när det gäller ungdomar.

Delaktighet i ansedda fritidsaktiviteter

Det Hirschi menar med denna aspekt är att aktiviteter på fritiden håller individen borta från kriminella handlingar då individen inte har tid, om man fyller sin fritid med meningsfulla aktiviteter (Hirschi, 1969, 2002). Samtliga intervjupersoner tycker att det är ett effektivt sätt att förebygga kriminalitet men det behövs arbete innan och under aktiviteten så den inte ger den motsatta effekten.

Värderingar, normer, relationer och samhället utgör en del av vad en kultur är, således kan detta förklaras utifrån samtliga fyra band i teorin sociala band (Hirschi, 1969, 2002).

Ungdomar som är med i olika typer av aktiviteter skapar ett liv där det inte finns utrymme för kriminell aktivitet (Hirschi, 2002). Skolans företrädare håller med Hirschis teori och ser det som att det också är en viktig funktion i ungdomens liv och att den håller hen borta från gator och att ungdomen inte har tid att göra annat.

Sysselsättning och hobby samt ungdomsgårdar anses också vara lika viktigt då det är individens fritid det handlar om. Det är det de som skapar nya kontaktar, både som förebild exempelvis eller tränare eller elitidrottare eller vänner, enligt socialtjänsten. Att vara delaktig i aktiviteter tar tid, tid som således inte kan läggas på att begå brott (Hirschi,1969, 2002).

Även Johan från Lyftet håller med om det här:

" Jag har en liten teori, de som oftast klarar sig från det här, det är oftast de som har en hobby i form av aktivitet, det behöver inte vara en träning utan vad som helst. Jag tror jättemycket på en sysselsättning utanför skolan också, så att de bygger sin personlighet där, ungdomarna. Jag tror mycket på föreningslivet, vare sig det är att träna brottning eller spela schack. Det spelar ingen roll." (Johan, Lyftet)

Här lyfter samtliga intervjupersoner, precis som Hirschi, samhörighet och dess balans i samhället samt att den påverkas av sociala band, anknytning (Hirschi, 1969, 2002).

"Att ha en känsla av tillhörighet är avgörande. Ungdomar behöver känna sig som en del av samhället och skolan, där de också känner sig behövda. Jag tror starkt på föreningslivet." (Johan, Lyftet)

Johan menar att samhället och dess funktioner ska göra det lätt för ungdomen att söka sig till samhörigheten i form av föreningar:

"När ungdomar har det svårt hemma och i skolan och det inte fångas upp, finns det inga fritidsgårdar eller aktiviteter att delta i. Sport och liknande är ofta dyrt. Brottning var något jag älskade eftersom det bara krävde ett par skor, shorts, en t-shirt och medlemskap. Det blir en klassfråga vilka som kan delta. Gör aktiviteter billigare eller kostnadsfria så att alla kan vara med, inte bara de som har råd.” (Johan, Lyftet)

Jenny från polisen menar att effekten från föreningslivet ger mer än vad man kan tro och detta gäller även att vuxna föräldrar kan använda det som ett sätt att nå barnen på: ”...men alltså det här tror jag på, alltså vi har jättemånga muslimska föreningar som man kan ta hjälp av för att få ut information. Och även andra föreningar, om man tänker somaliska föreningar till exempel. För att det är sånt där som vi själva har sett här att vi har ibland varit på skolan på deras på föräldramöten, om det till exempel har varit att man har känt att det varit någonting man vill lyfta och berätta, om våra olika verksamheter, hur vi samverkar eller om det har varit någonting man har velat prata om någonting angående narkotika eller alkohol eller vad det nu varit, så har vi varit medbjudna. Och det är så tydligt att det är oftast väldigt låg andel föräldrar som kommer på de här föräldramötena. Jämfört med när vi blev inbjudna till olika somaliska föreningar, då var det knökfullt. Det var till och med folk som sa – tyvärr ni får inte plats..." (Jenny, polisen).

Även Allan instämmer i det Johan säger: " "Jag tror att man oftast klarar sig bättre om man har en hobby eller aktivitet, oavsett vad det är. Det behöver inte vara träning, utan något som engagerar. Jag är övertygad om att en sysselsättning utanför skolan hjälper ungdomar att utveckla sin personlighet. Men hur kan man göra det när man inte har råd?"

Alla intervjupersoner, liksom Hirschi, betonar vikten av samhörighet och hur den påverkas av sociala band och anknytning (Hirschi, 2002). "Har man den här tillhörigheten, kanske man ska fokusera mer på de delar som är viktiga i ungdomens liv, som att känna sig som en del av samhället och behövd i skolan. Jag tror definitivt på föreningslivet, " säger den före detta kriminella. Han menar att samhället ska göra det lätt för ungdomar att söka sig till föreningar: "När de har det svårt hemma och i skolan och det inte fångas upp, blir fritidsgårdar en mötesplats för kriminella. Sport eller någon hobby som musik kan hjälpa men de är ofta dyra."

Övertygelse: Tron på samhällets regler och normer

Den fjärde och sista komponenten är övertygelse, vilket handlar om individens tro på samhällets regler och normer. Om en ungdom växer upp med en stark tro på att lagar och regler är viktiga och värda att följa, minskar risken för att denne ska bryta mot dessa. Det är föräldrarnas ansvar att föra vidare denna övertygelse till sina barn genom att vara förebilder och visa respekt för lagen.

Under min uppväxt såg jag att de ungdomar som saknade övertygelse om samhällets regler ofta ifrågasatte lagar och regler eller till och med föraktade dem. Detta gjorde att de lättare drogs in i kriminella aktiviteter, eftersom de inte såg något värde i att följa samhällets normer. Många ungdomar beskrev hur de inte hade någon tilltro till rättssystemet eller polisen, eftersom de hade växt upp i miljöer där dessa institutioner sågs som fiender snarare än beskyddare.

Övertygelsen och tron på rättssystemet

Individens sociala band till föräldrar, vänner och skola som är viktiga element för att ungdomen inte hamnar i utanförskap och/eller ensamhet. Att dela samhällets värderingar och normer är jätteviktigt anser Hirschi (1969, 2002). Föräldrar med lägre socioekonomisk status brukar ha mindre tillit och förtroende för rättssystemet och vice versa, vilket påverkar och präglar deras barn, vilket gör att även barnen delar den bilden med sina föräldrar. Alla intervjupersoner visar precis som Hirschi starkt intresse för att övertygelsen är jätteviktig och menar att för att man ska uppnå den så ska man först ha förståelse för teorin och det gör man genom de föregående aspekterna och som först och främst börjar i hemmet.

Johan från Lyftet betonar vikten av att upplysa ungdomar om samhällets lagar och regler i tidig ålder. "Samhället bör dock inte snabbt stämpla en individ som kriminell utan skilja mellan olika typer av brott. En 16-åring som våldtar en tonåring och en 16-åring som röker på i sitt rum är båda kriminella men deras brott är helt olika och bör inte behandlas på samma sätt." (Johan, Lyftet)

Här menar Johan från Lyftet att samhället också bör modernisera sina normer helt enkelt när det gäller ungdomsbrottslighet, eller se på ungdomsbrottslighet samt att man ska stärka ungdomarna och inte bara låta alla lägga ifrån sig ansvaret eller vilja att bara föräldrarna ska ta ansvaret, utan alla kan göra något.

"Stärk ungdomarna, de är vår framtid. Fånga upp dem i skolan och föreningslivet. Satsa på långsiktiga planeringar, inte bara tillfälliga evenemang. Underlätta för ungdomar att integreras i samhället och göra det enkelt för dem att bli en positiv del av det." (Johan, Lyftet)

En förståelse för rättssystemet ska också vara en viktig del av individens liv. Detta verkar också vara ett effektivt sätt enligt intervjupersoner, vilket Hirschi också håller med om.

Att vara övertygad om att efterfölja rättssystemet med sina lagar och regler samt att tycka att det är det rätta där social kontroll har en avgörande roll för ungdomen då övertygelsen antas vara beroende av förståelse. (Hirschi, 1969, 2002). Därför menar Karin från skolan att även samhället och dess funktioner ska ha förståelse för individens beteende och börja kartlägga och se kopplingarna samt förklara för de berörda vad svenska normer och värderingar innebär:

”Vi måste börja prata om det på riktigt och se kopplingarna. Vi måste på något sätt kartlägga och koppla ihop sakerna, få ihop bilden och sen hittar vi en lösning på den bilden” (Karin, skolan).

Och för att göra det krävs det mod och att man vågar att ta debatter och våga prata om att det finns ett problem så ungdomar ska också förstår att samhället och dess funktioner ser och agerar, inte bara pratar. Att vi hjälper dem att komma in men först måste vi förstå oss på problematiken, göra en koppling och sedan kartlägga det och sedan hjälpa ungdomen.

Värderingar och normer bör vara i linje med lagar och regler, vilket skapar ett samspel mellan dessa och ungdomens handlingar (Hirschi, 1969, 2002). Socialtjänsten menar att det inte bara är föräldrarna som ska lära och följa upp ungdomar om samhällets värderingar och normer, utan alla vuxna bör ta detta ansvar. "Någonting jag vill skicka med till hela samhället är att, som vuxen, tänka på våra barn i relation. Oavsett var och när du träffar en ungdom, visa intresse, nyfikenhet, vägled och informera om samhällets värderingar och normer. Ungdomar behöver positiva relationer till vuxna, inte bara sina föräldrar, särskilt om föräldrarna lever i utanförskap.” (Matilda, socialtjänsten)

Samhället med dess institutioner och insatser lyftes som betydelsefullt i intervjupersonernas reflektioner. Samtliga insatser i form av exempelvis poliser som jobbar mot kriminalitet kan ses utifrån den sociala kontroll som delaktighet genererar och individen har rädsla för att förlora ett åtagande/investering (Hirschi, 1969, 2002)

Problemet som Jenny ser det, precis i linje med det Allan säger, är att hon upplever att ”de är inte förankrade i samhället och de känner ingenting för Sverige, för det är någonstans så att tycker man om och tror på sitt land så vill man inte utnyttja det.” Därför är det av vikt att belysa att tillhörighet är inte bara en känsla utan ett behov. När unga upplever att de hör hemma någonstans, att de är viktiga för andra, minskar risken att de söker sammanhang i destruktiva miljöer. Vi måste därför erbjuda trygga, meningsfulla alternativ där unga kan bygga identitet och gemenskap.

Poliser och andra statliga funktioners närvaro blir således en påminnelse om att det finns en risk att ett kriminellt handlade kommer upptäckas och resultera i en förlorad investering och dess åtagande (Hirschi, 1969, 2002). Polisen anser att om vi ska få individen i tidig ålder att ha övertygelse för rättssystemet så måste det fungera och skärpas så att ungdomen vet vad konsekvensen av att begå brott blir.

”Jag tycker att vi är för naiva. Rättssystemet behöver höja straffen för vissa brott och se över ungdomsbrottslighet och straffrabatter. Socialtjänsten måste också kunna införa tvingande behandlingar och insatser enklare än i dag.” (Jenny, polisen)

”Vi behöver absolut fler poliser och ändra lagstiftningen. Bevisinflationen, där allt ska vara ställt utom allt rimligt tvivel, är problematisk. När det finns mycket bevis som pekar på en sak, kan en advokat komma och säga något som slår hål på hela bevisföringen, vilket jag tycker är oklokt.” (Jenny, polisen)

”Vi saknade övertygelse om samhällets regler och ifrågasatte ofta lagar och regler, eller till och med föraktade dem. Familjeklaner härjade och vi drogs lättare in i kriminella aktiviteter som ett sätt att skydda oss själva. Vi hade ingen tilltro till rättssystemet eller polisen, som sågs som fiender snarare än beskyddare. Ingen ville hjälpa polisen och vi tänkte att ingen skulle skydda oss om vi berättade något. Vi riskerade vår säkerhet och sågs som förrädare mot andra ungdomar eller området.” (Allan)

”Mina föräldrar hade ingen tillit eller förtroende för rättssystemet och detta påverkade oss barn. Det kändes som att alla såg problemet men ingen vågade säga ifrån, så problemet flyttades bara mellan olika personer och myndigheter. Jag kände mig ensam med mina problem, trots mina syskon och föräldrar. De enda jag kände samhörighet med var vänner i samma situation. Även om jag hade haft de bästa lärarna, socialsekreterarna och poliserna, skulle jag inte lyckas när mina föräldrar inte förstod eller tog mig på allvar. När jag sa att jag misstänkte att jag hade ADHD, förstod de inte vad det innebar och började skratta åt mig och mobba mig. De sa att jag bara hittade på problem. Flera år senare fick jag diagnosen ADHD men jag har inte berättat det för dem eftersom de fortfarande inte skulle förstå.” (Allan)

SAT i praktiken – koppling till intervjuerna

I mina intervjuer med bland andra socialtjänst, polis, skola och en före detta kriminell bekräftas även SAT:s grundprinciper. Här är några konkreta exempel:

Johan: "När man bor trångt med flera syskon och föräldrar som inte kan svenska [...] vill man inte stanna hemma [...] Då väljer man att gå ut och hittar individer som delar samma situation. Detta väcker negativa känslor och leder till att man börjar leta efter spänning eller vilja tjäna lätta pengar genom exempelvis snatteri som nu har utvecklats till mordbeställningar."

Här ser vi hur miljön (trångboddhet, låg föräldranärvaro, språksvårigheter) skapar en situation där ungdomar upplever ett underskott av struktur och tillhörighet. Enligt SAT påverkar detta deras perception och val – när brott erbjuder status, pengar eller spänning i en miljö där alternativen är få, ökar sannolikheten att brott blir det valda alternativet (Wikström, 2010).

Karin, skolkurator: "Mellanutanförskapet uppstår när barn får motstridiga budskap från föräldrar och skola. De skapar då egna sanningar och söker trygghet i ungdomsnätverk [...]"

Detta belyser ett viktigt inslag i SAT – moraliska uppfattningar formas av sociala kontexter. När barn får motstridiga normer och tvingas skapa egna sanningar, förlorar de ofta förmågan att avgöra vad som är rätt. Om situationen samtidigt erbjuder erkännande och struktur genom kriminella nätverk, ökar risken att brott uppfattas som ett logiskt val (Wikström & Treiber, 2017).

Allan, f. d. kriminell: "Vi hade inte ens svensk tv eller svenska kanaler, så de hade ingen aning om vad som händer här i Sverige."

Allan beskriver en frånkoppling från samhällets normsystem. Enligt SAT innebär detta att individens moraliska kompass inte förstärks av omgivningens kollektiva moral. När det dessutom saknas vuxna som vägleder, lämnas perception och val åt egna tolkningar – ofta baserade på brottsmiljön (Wikström, 2010).

Matilda, socialtjänsten: "Jag minns en ung pojke som blev involverad i narkotikahandel. Han hade vuxit upp i ett område där droger var lättillgängliga, övervakningen var låg samt att polisen inte har varit närvarande."

Det är ett tydligt exempel på hur låg kontroll och närhet till brottsliga möjligheter samverkar med svag moral. Enligt SAT är det just denna kombination som gör att individen uppfattar brott som ett realistiskt alternativ (Wikström & Treiber, 2017).

Allans berättelse om sin uppväxt i ett hem präglat av föräldrafrånvaro, trångboddhet och brist på svensk kulturkontakt är ett tydligt exempel på SAT i praktiken (Wikström, 2010).

- **Moraliska uppfattningar:** Brott var normaliserat – moralisk reflektion saknades.
- **Situationella faktorer:** Miljön innehöll låg vuxennärvaro, svaga institutionella band och tillgång till brott.
- **Perception och val:** Brott uppfattades som ett legitimt val – ett sätt att få status och tillhörighet.
- **Handling:** I enlighet med SAT uppstod brottet som en funktion av individ + miljö (Wikström & Treiber, 2017).

Skillnaden mellan SAT och sociala band-teorin
Situational Action Theory (SAT) och sociala band-teorin kompletterar varandra men har olika fokus. Sociala band-teorin (Hirschi, 1969) förklarar varför vissa individer inte begår brott – tack vare starka band till familj, skola och samhälle. SAT

fokuserar på hur och varför ett brott faktiskt begås i en viss situation.

Medan Hirschi riktar in sig på individens långsiktiga socialisering, fokuserar SAT på nuet: individens moraliska benägenhet möter en viss situation och genom perception och val avgörs om brott begås. Där sociala band fungerar som förebyggande skyddsnät, förklarar SAT varför skyddsnätet ibland inte räcker, särskilt när miljön är brottsbefrämjande (Wikström, 2010).

Sammanfattning kapitel 2: Sociala band, SAT-teorierna och dess vikt

Teorin om sociala band ger oss en kraftfull förståelse för hur individer kan skyddas från kriminalitet genom starka band till föräldrar, skola, arbete och samhälle. Föräldrar spelar en central roll i att bygga dessa band och det är därför avgörande att samhället ställer höga krav på föräldrarna och erbjuder dem det stöd de behöver för att kunna fullgöra sitt ansvar. Genom att stärka sociala band kan vi inte bara hjälpa individer att hålla sig borta från kriminalitet, utan också bygga ett starkare och tryggare samhälle.

Situational Action Theory (SAT), utvecklad av Per-Olof H. Wikström, kompletterar sociala band-teorin genom att fokusera på hur individens moraliska uppfattningar och den omgivande miljön påverkar beslutet att begå brott. SAT betonar att brott är resultatet av en interaktion mellan individens moraliska uppfattningar och de situationella faktorer som de befinner sig i. Genom att förstå hur dessa faktorer samspelar kan vi utveckla mer effektiva strategier för att förebygga kriminalitet.

Enligt intervjupersoner är föräldrarelationer en viktig aspekt, där starka band till föräldrarna kunde minska risken för brottslighet. Liknande samband observerades även med skolan, vänner och fritidsaktiviteter. Dåliga hemförhållanden, såsom trångboddhet, föräldrar som lever i utanförskap och inte behärskar språket eller samhällsvärderingar, frånvarande föräldrar eller föräldrar med psykisk ohälsa, belystes som den mest framträdande riskfaktorn. Intervjupersoner betonade även vänners inflytande, där ungdomar ofta lär av varandra, samt skolans roll i ungdomars utveckling och framtid.

- **Fråga:** Vilka sociala band, moraliska uppfattningar och situationella faktorer tycker du är starkast i ditt eget liv och hur har de påverkat dina val och beteenden?
- **Reflektion:** Fundera på hur du kan stärka sociala band i din familj eller gemenskap och förändra din miljö och utveckla dina moraliska uppfattningar för att främja positiva beslut och handlingar. Vilka konkreta steg kan du ta?

Kapitel 3: Psykologiska aspekter av föräldraskap

Att vara förälder handlar inte bara om att ge barn mat, kläder och husrum. Det handlar också om att förstå hur barns beteenden och personligheter formas genom psykologiska processer. För att kunna vägleda och uppfostra barn på ett sätt som hjälper dem att bli ansvarstagande individer, är det viktigt att föräldrar förstår dessa processer.

Beteende och inlärning: Betingningsteorin

En av de mest grundläggande teorierna inom psykologin som förklarar hur beteenden formas är betingningsteorin. Teorin som först utvecklades av Pavlov och vidareutvecklades av Skinner, förklarar hur beteenden lärs in genom upprepade erfarenheter av belöning och bestraffning. Både klassisk och operant betingning spelar en viktig roll i hur barn utvecklar sina beteendemönster.

Klassisk betingning innebär att ett barn lär sig associera en viss händelse med en specifik reaktion. Ett exempel är att barn kan lära sig associera sitt namn med uppmärksamhet eller bestraffning, beroende på hur föräldrarna använder det. Om föräldrar ofta använder barnets namn när de ger beröm, kommer barnet att associera sitt namn med något positivt. Om det i stället alltid används vid tillrättavisningar, kan barnet utveckla negativa känslor kopplade till sitt namn.

Operant betingning handlar om att lära sig genom konsekvenser. Barn lär sig att upprepa beteenden som ger positiva resultat och undvika beteenden som leder till negativa konsekvenser. Ett exempel är att ett barn som får beröm och belöningar för att göra sina läxor kommer att fortsätta göra sina läxor för att få samma positiva respons.

Fallstudie: Ahmed – en ungdom i utanförskap

Bakgrund: Ahmed är 15 år och bor med sina fem syskon och föräldrar i en trångbodd lägenhet i ett utsatt område där kriminalitet och våld är vanligt förekommande. Föräldrarna är arbetslösa och kan inte svenska. De är ofta frånvarande och har svårt att engagera sig i Ahmeds liv. Hemmet saknar stabilitet och dagliga rutiner. Eftersom Ahmed sällan får uppmärksamhet eller stöd från sina föräldrar, börjar han söka bekräftelse och tillhörighet utanför hemmet.

Insatser: I skolan får Ahmed inte den uppmärksamhet han behöver och känner sig ofta osynlig. Han börjar umgås med en grupp ungdomar från sitt bostadsområde, som har dåligt inflytande och är involverade i kriminalitet. Ahmed upplever för första gången en form av erkännande och tillhörighet. Genom samverkan mellan skolan, socialtjänsten och polisen kunde Ahmeds situation uppmärksammas. Skolan tipsade Ahmeds föräldrar om föräldrautbildning och stödinsatser, medan socialtjänsten erbjöd ekonomisk rådgivning och vägledning för att skapa en mer stabil hemmiljö.

Operant betingning i Ahmeds situation:

1. **Positiv förstärkning:** När Ahmed deltar i gängets kriminella handlingar, såsom att snatta eller skadegörelse, får han positiv förstärkning i form av respekt och bekräftelse från sina vänner. Han känner sig viktig och accepterad, vilket är något han saknar hemma. Detta ökar sannolikheten att han fortsätter med detta beteende,

eftersom den sociala belöningen är omedelbar och kraftfull.

2. **Negativ förstärkning:** När Ahmed känner sig pressad och stressad av familjesituationen och skolan, inser han att när han är med gänget slipper han känslan av misslyckande och ensamhet. Hans kriminalitet och umgänge med gänget fungerar som en flykt från dessa negativa känslor, vilket förstärker hans beteende att vistas på gatan och delta i illegala aktiviteter.

3. **Avsaknad av bestraffning:** Med tanken på att Ahmeds föräldrar är frånvarande och inte vet vad han sysslar med, möts han sällan av några negativa konsekvenser för sitt beteende. Det finns inga vuxna som sätter gränser eller korrigerar hans handlingar. Den bristande tillsynen och avsaknaden av bestraffning innebär att Ahmeds beteende fortsätter utan hinder.

Konsekvenser: Ahmeds situation är ett typiskt exempel på att bristen på närvarande föräldrar och stödjande vuxna leder till att operant betingning påverkar ett beteende negativt. Positiva förstärkningar i form av gängens erkännande och avsaknaden av konsekvenser hemma gör att han fortsätter med den destruktiva livsstilen. Med tiden blir kriminaliteten och det negativa umgänget en del av Ahmeds identitet.

I detta exempel kan man se hur operant betingning i form av förstärkning och avsaknad av bestraffning formar Ahmeds beteende. Om hans föräldrar hade varit mer närvarande, kunnat sätta tydliga gränser och gett honom positiv förstärkning för bra beteende (till exempel stöd i skolan eller uppmärksamhet vid goda prestationer), skulle Ahmed ha kunnat utveckla ett mer positivt förhållningssätt till sin omgivning. Här ser vi hur föräldrar spelar en central roll, något som boken understryker och hur samhällets insatser blir mindre effektiva om inte grundläggande behov för stöd och vägledning hemma är uppfyllda. Detta är ett kraftfullt exempel för att belysa vikten av föräldrar som en skyddande faktor och hur felaktig social förstärkning kan leda till kriminalitet i utsatta områden.

I mina studier i psykologi har jag sett hur dessa processer används inom föräldrauppfostran. Ett exempel från min tid som handledare på ett HVB-hem gäller en ung pojke som hade svårt att följa reglerna på boendet. Genom att belöna honom varje gång han följde en regel och gradvis öka kraven, lyckades vi forma hans beteende positivt. Denna metod är ett konkret exempel på hur betingningsteorin kan användas i praktiken för att förändra beteenden.

Reciprok determinism

Bandura, som är den främsta förespråkaren inom socialkognitiv, menar att socialkognitivt beteende lärs in från omgivningen – både positiva och negativa. Teorin är baserad på och inspirerad av behaviorismen och det kognitiva beteendet där individens förstånd, tankar, visioner och förståelse är som grund till individens handlingar och hur dessa påverkar handlingen. Individens erfarenheter och diverse tolkningar förklarar beteendet där det är mindre fokus i det omedvetna. Han menar att det finns en ömsesidig korrelation mellan kognitiva, beteende och miljön som grund till det socialkognitiva beteendet (Cervone & Pervin, 2019).

Bandura menar att mänskliga beteenden lärs in genom att observera andra, genom observationsinlärning, sedan leder observationen till att individen erhåller nya handlingssätt och efterliknar andra människors beteendemönster. Bandura menar att genom observationen kan individen lära sig att agera även i icke liknande situationer. De mänskliga beteenden lärs in genom att observera andra människor och då bildar individen egna uppfattningar om hur olika beteenden kan användas. Dessa uppfattningar kommer att vara grunden för individens agerande i liknande situationer (Cervone & Pervin, 2019).

Den mänskliga utvecklingen sker i huvudsak genom en interaktion mellan individ, beteende och omgivande miljön. Han kallade modellen reciprok determinism, med denna modell som grund kan mänskligt beteende begripas som en tredelad reciprok process där beteende, kognition och miljö har ett sampel med varandra. Även rädslor och fobier, fördomar, preferenser och olika typer av socialt beteende lärs in genom att individen observerar modeller i sin omgivning där han inte längre är rädd. Reciprok determinism innebär en triangel där alla tre vinklar är beroende av varandra och består av individens beteende, personliga faktorer och omgivning. Det sker ett konstant samspel mellan de olika delarna och påverkan kan variera beroende på individen, situationen och miljön. Detta innebär att individens beteende påverkas av egna personliga faktorer och omgivning samt att individens beteende och omgivning kan påverka personliga faktorerna, att individen kan påverkas eller påverka omgivning genom sitt beteende eller tänkande. Därför gör barnen inte det du säger, utan gör det du gör!

Praktiska metoder för föräldrar

För att tillämpa dessa teorier i föräldraskapet kan föräldrar använda följande metoder:

- **Positiv förstärkning**: Belöna barnen för önskade beteenden, som att göra sina läxor eller hjälpa till hemma. Belöningar kan vara allt från beröm till små gåvor eller extra tid för att göra något roligt.

- **Negativ förstärkning**: Ta bort något obehagligt när barnet uppvisar önskat beteende. Till exempel, om barnet städar sitt rum, kan de få slippa en annan hushållssyssla.

- **Modellering**: Visa positiva beteenden genom att vara en god förebild. Barn lär sig genom att observera sina föräldrar, så det är viktigt att föräldrarna själva uppvisar de beteenden de vill att deras barn ska efterlikna.

- **Konsekvenspedagogik**: Låt barnen uppleva de naturliga konsekvenserna av sina handlingar. Om ett barn inte gör sina läxor, kan konsekvensen vara att de inte får delta i en rolig aktivitet tills läxorna är gjorda.

Hur olika personligheter påverkar risken för kriminalitet
Personlighet spelar en betydande roll i att påverka om en individ hamnar i kriminalitet eller inte. Femfaktorteorin identifierar fem grundläggande dimensioner av personlighet som är stabila över tid: öppenhet, samvetsgrannhet, extraversion, medgörlighet och neuroticism. Dessa drag kan påverka en individs benägenhet att begå brott (Cervone & Pervin, 2019). Här är en översikt över hur olika personlighetsdrag kan påverka denna risk:

1. **Öppenhet**:

    - **Hög grad**: Personer som är nyfikna, kreativa och öppna för nya erfarenheter tenderar att ha ett starkt minne och är mer flexibla i sina tankar och beteenden. De är mindre benägna att fastna i destruktiva mönster.

- **Låg grad**: Personer som är mer traditionella och mindre öppna för förändringar kan ha svårigheter att anpassa sig till nya situationer, vilket kan leda till att de söker sig till kriminella miljöer som erbjuder en känsla av stabilitet (Cervone & Pervin, 2019).

2. **Samvetsgrannhet**:

   - **Hög grad**: Personer som är disciplinerade, punktliga och pålitliga tenderar att följa regler och arbeta hårt. De är mindre benägna att begå brott eftersom de värdesätter ordning och struktur.
   - **Låg grad**: Personer som är avslappnade och icke-ambitiösa kan ha svårt att följa regler och vara mer benägna att söka snabba lösningar, inklusive kriminella aktiviteter (Fahlke & Johansson, 2007).

3. **Extraversion**:

   - **Hög grad**: Extroverta personer som är sociala, aktiva och impulsiva kan dras till spänning och riskfyllda situationer, vilket kan öka risken för kriminellt beteende.
   - **Låg grad**: Introverta personer är mindre benägna att söka sociala och riskfyllda

situationer, vilket kan minska risken för kriminalitet (Fahlke & Johansson, 2007).

4. **Medgörlighet**:

    - **Hög grad**: Personer som är generösa, hjälpsamma och välvilliga tenderar att ha starka sociala band och är mindre benägna att begå brott.

    - **Låg grad**: Personer som är känslokalla och mindre tillmötesgående kan ha svårigheter att skapa och upprätthålla positiva relationer, vilket kan öka risken för antisocialt beteende (Fahlke & Johansson, 2007).

5. **Neuroticism**:

    - **Hög grad**: Personer som är ångestfyllda, oroliga och känslosamma kan ha svårt att hantera stress och kan vara mer benägna att söka destruktiva sätt att hantera sina känslor, inklusive kriminellt beteende.

    - **Låg grad**: Personer som är lugna, trygga och avslappnade har bättre förmåga att hantera stress och är mindre benägna att begå brott (Cervone & Pervin, 2019).

Slutsats

Personlighetsdrag kan starkt påverka en individs benägenhet att begå brott. Genom att förstå och identifiera dessa drag kan föräldrar och samhällsaktörer bättre stödja individer i riskzonen och skapa miljöer som främjar positiva beteenden. Föräldrar spelar en avgörande roll i att forma och vägleda sina barns personlighetsutveckling, vilket kan minska risken för kriminalitet genom att skapa en stödjande och strukturerad miljö.

Stressens roll i familjelivet

Stress är en naturlig del av livet men det är viktigt att förstå hur stress kan påverka både föräldrar och barn negativt. När föräldrar kämpar med stress oavsett om det om det är ekonomisk stress, stress på jobbet eller personlig stress så påverkar det deras förmåga att vara närvarande och stödjande för sina barn. Barn kan snabbt uppfatta föräldrarnas stressnivåer, vilket kan leda till oro, osäkerhet och i vissa fall destruktiva beteenden.

Under min tid som socialsekreterare/ arbetsmarknadssekreterare såg jag hur stressade föräldrar ofta hade svårt att hantera sina barns behov på ett konstruktivt sätt. När föräldrar är överväldigade av stress försämras deras förmåga att vara konsekventa och närvarande i sitt föräldraskap. Barn som växer upp i stressade miljöer kan utveckla egna problem som ångest, koncentrationssvårigheter eller aggressivt beteende som en reaktion på den osäkerhet de känner i hemmet.

Stress kan beskrivas som olika typer av negativa påverkningar från vår omgivning eller som en känslomässig reaktion, vilket i sin tur kan leda till fysiologiska eller psykologiska reaktioner. Det innebär olika former av obehagliga yttre påfrestningar eller känslomässiga reaktioner som kan resultera i fysiologiska eller psykologiska svar.

Enligt den nuvarande definitionen av stress är det stress som uppkommer till följd av yttre faktorer, som arbetsrelaterade problem, i en individuell miljö. Stressfaktorer är de händelser som kan utlösa stressreaktioner, till exempel ångest eller spänning. Det finns två huvudsakliga typer av stress: eustress, som kan vara positiv och bidra till personlig utveckling och distress, som är negativ och kan vara skadlig.

Upplevd arbetsbörda samt livshändelser som individen inte kan styra över, exempelvis familjemedlemmars sjukdom eller förlust av närstående, är situationer som kan utlösa stressreaktioner. Att hantera stress innebär att utveckla strategier för att anpassa sig till och möta utmaningarna samt behålla en fungerande vardag när man står inför stressiga situationer. Detta innebär att man anpassar sig till förändringar, eliminerar stressfaktorer, eller till och med justerar sin inställning gentemot dem. Forskning har visat att användningen av olika copingstrategier kan minska sambandet mellan stress och sjukdom (Ogden, 2012).

Digitala medier och sociala nätverk

Sociala medier har blivit en integrerad del av ungdomars liv och påverkar deras beteende och sociala band på många sätt. Plattformar som Instagram, TikTok och Snapchat erbjuder möjligheter för ungdomar att uttrycka sig, skapa nätverk och få bekräftelse. Samtidigt kan dessa plattformar också bidra till negativa beteenden, som mobbning, spridning av våldsamt eller annat olämpligt innehåll och press att leva upp till orealistiska ideal. Föräldrar och samhällsaktörer måste vara medvetna om dessa utmaningar och möjligheter. Genom att utbilda ungdomar om ansvarsfull användning av sociala medier och genom att övervaka deras online-aktiviteter kan föräldrar hjälpa till att minimera riskerna. Skolor kan också spela en roll genom att integrera digital kompetens i läroplanen och erbjuda stöd för elever som upplever problem online.

Navigera barnens skärmtid och digitala säkerhet

I dagens digitala värld är skärmtid och användning av sociala medier en stor del av barnens och ungdomarnas vardag. Medan teknologin erbjuder många fördelar, som utbildningsresurser och sociala kontakter, medför den också utmaningar som föräldrar måste hantera för att säkerställa sina barns välmående och säkerhet.

Att hantera skärmtid är en av de största utmaningarna för moderna föräldrar. För mycket skärmtid kan påverka barns sömn, koncentration och fysiska hälsa. Här är några tips för att balansera skärmtiden:

- **Skapa skärmfri tid**: Inför skärmfri tid under måltider och innan läggdags för att främja familjesamvaro och god sömn.
- **Sätt tidsgränser**: Använd appar och inställningar för att begränsa skärmtiden och se till att barnen tar regelbundna pauser.
- **Var en förebild**: Visa genom ditt eget beteende hur man kan använda teknik på ett hälsosamt sätt. Barn gör inte som du säger, utan som du gör.

Sociala medier och digital säkerhet

Sociala medier kan vara en källa till både positiv interaktion och negativa influenser. Föräldrar måste vara medvetna om riskerna och vidta åtgärder för att skydda sina barn:

- **Övervaka användningen**: Håll koll på vilka plattformar dina barn använder och vilka de interagerar med. Diskutera öppet vad som är lämpligt att dela online.
- **Utbilda om cybermobbning**: Lär dina barn att känna igen och hantera cybermobbning. Uppmuntra dem att prata med dig om de upplever något obehagligt online.

- **Skydda personlig information**: Hjälp dina barn att förstå vikten av att skydda sin personliga information och att vara försiktiga med vad de delar online.

Barns verklighet formas i allt högre grad av digitala intryck. Föräldrar har ett ansvar att sätta gränser för skärmtid men också att samtala om innehållet. Att förstå barnens digitala värld är en nyckel till både trygghet och närvaro – och ett sätt att bygga en relation i en tid där mycket kommunikation sker på skärm. Genom att vara proaktiva och engagerade i sina barns digitala liv kan föräldrar hjälpa dem att navigera teknologins fördelar och fallgropar på ett säkert och hälsosamt sätt.

Socialt stöd

Socialt stöd innefattar både känslomässigt stöd och konkret hjälp med arbetsuppgifter från kollegor och framför allt från chefer. Det agerar som en skyddande faktor mot de negativa påverkningarna av psykologiska påfrestningar på hälsan och kan bidra till att minska risken för sjukdomar relaterade till stress. Socialt stöd utgörs av det stöd som en individ erhåller från sitt sociala nätverk, inklusive vänner, familjemedlemmar, närstående och andra människor i ens omgivning. Det här sociala stödet kan ha en positiv inverkan på hur en person hanterar stressiga situationer och bidra till återhämtning. Det skapar en känsla av samhörighet och motverkar ensamhet genom att visa att andra bryr sig om personen, uppskattar denne och inkluderar hen i en gemenskap (Ogden, 2012).

Faderskapets unika roll

Faderskap har en särskilt viktig roll i barnets utveckling. Studier visar att en närvarande och engagerad far kan ha en betydande positiv inverkan på barnets självkänsla, akademiska framgång och sociala färdigheter. Detta bekräftas av det engelska ordspråket:

"En far är mer värd än hundra skollärare." Fäder som är aktiva i sina barns liv fungerar som viktiga förebilder och ger en stabil grund för barnets emotionella utveckling. Det fångar på ett målande sätt betydelsen av föräldrars roll i barnets liv och utveckling. Medan lärare kan ge ovärderlig akademisk kunskap och insikter, har en far – och föräldrar över lag – en unik möjlighet att forma barnets värderingar, känslor och självbild. Föräldrar erbjuder ett personligt engagemang och känslomässigt stöd som ofta överträffar den formella undervisningen och läroplanens ramar. Genom dagliga handlingar, närvaro och exempel får barnet en inblick i vad det innebär att vara människa, hur man bemöter utmaningar och hanterar relationer och ansvar.

Att säga att en far är ”mer värd än hundra skollärare” innebär också att en förälder, genom sin närhet och livserfarenhet, har förmågan att lära barnet livets viktigaste lektioner. Barn lär sig av hur deras föräldrar lever, inte bara vad de säger. En fars handlingar – hur han bemöter svårigheter, hur han visar kärlek och omsorg och hur han hanterar sina egna ansvar – blir en levande lärobok för barnen. Denna kunskap, som går långt utöver skolans domän, lägger grunden för barnens värderingar, självkänsla och framtida val i livet.

Tyvärr är det många barn som växer upp utan en närvarande far. I dessa fall måste samhället, genom skolor, socialtjänst och andra stödinsatser, försöka fylla detta tomrum. Men inget kan helt ersätta den trygghet och stabilitet som en engagerad far kan erbjuda.

Faderskapets betydelse blir också tydlig när vi tittar på hur barn reagerar på auktoritet. Barn som har en nära relation till sin far är ofta mer benägna att respektera auktoritetsfigurer som lärare och poliser. Detta beror på att de har lärt sig att en auktoritet kan vara positiv och vägledande, snarare än något att vara rädd för eller trotsa.

Förändringar i föräldraskap: Föräldraskap har förändrats över tid och reflekterar samhällets utveckling. Familjer i dag präglas av starkare emotionella band och definitionen av familj har blivit mer inkluderande, med acceptans för samkönade äktenskap och ensamstående föräldrar.

Svensk familjestatistik: Sverige har en hög separationsfrekvens och många barn är med om att deras föräldrar skiljer sig. Det är också vanligare att arbetarklassbarn lever med en ensamstående förälder än medelklassbarn, vilket speglar socioekonomiska skillnader och utbildningsnivåernas påverkan på familjebildning och stabilitet.

Psykisk ohälsa och trauma

Psykisk ohälsa är en viktig faktor som kan påverka ungdomars beteende och öka risken för kriminalitet. Depression, ångest och andra psykiska problem kan leda till att ungdomar söker sig till destruktiva beteenden som ett sätt att hantera sina känslor. Föräldrar och samhällsaktörer måste vara uppmärksamma på tecken på psykisk ohälsa och erbjuda stöd och behandling i tid.

Trauma kan ha en djupgående inverkan på ungdomars utveckling och beteende. Ungdomar som har upplevt våld, övergrepp eller andra traumatiska händelser är mer benägna att hamna i kriminalitet. Det är viktigt att erbjuda traumainformerad vård och stöd för att hjälpa dessa ungdomar att återhämta sig och bygga en positiv framtid.

Psykisk ohälsa, stress och trauma hos föräldrar påverkar barnen direkt – inte bara genom vad som sägs, utan genom vad som uteblir. När vuxna själva kämpar för att hålla ihop sitt eget inre, riskerar barnen att bli osynliga. Det emotionella tomrummet lämnar spår som kan prägla barnets självkänsla och framtida relationer.

Verktyg för kommunikation

För att skapa en stark och hälsosam relation med sina barn är det viktigt att föräldrar utvecklar effektiva kommunikationsstrategier. Här är några tekniker som kan hjälpa:

- **Aktiv lyssning**: Visa att du verkligen lyssnar på ditt barn genom att ge dem din fulla uppmärksamhet, nicka och ställa följdfrågor. Detta visar att du värdesätter deras tankar och känslor.
- **Jag-budskap**: Använd "jag-budskap" i stället för "du-budskap" för att uttrycka dina känslor, utan att anklaga. Till exempel, säg "Jag känner mig orolig när du inte kommer hem i tid" i stället för "Du är alltid sen".
- **Konfliktlösning**: När konflikter uppstår, försök att förstå ditt barns perspektiv och arbeta tillsammans för att hitta en lösning. Använd tekniker som att ta en paus för att lugna ner sig innan man diskuterar problemet.

God kommunikation är kärnan i ett fungerande föräldraskap. Det handlar inte bara om att tala – utan om att lyssna, sätta ord på känslor och bekräfta barnets upplevelser. I hem präglade av ohälsa eller stress tystnar ofta samtalen, vilket förstärker barnets känsla av ensamhet. Därför är kommunikationsverktyg som aktivt lyssnande, jag-budskap och tydliga gränser avgörande.

Självreglering och motivation

Den social kognitiva teorin betraktar motivation genom att undersöka motivationseffekten av tankar relaterade till en själv, eller självrefererande tänkande där idén är att individen vägleder och motiverar sina egna handlingar genom sina tankeprocesser. Kärnan i mänsklig motivation enligt social kognitiv teori är de personliga förväntningarna, personliga målen samt att prata med sig själv.

Självreglering är term för personlighetsprocesser som innefattar självstyrd motivation av beteende. Det innebär att individen ska kunna ha förmågan att motivera sig själv, sätta personliga mål, planera tillvägagångssätt samt att utvärdera och utveckla sitt pågående beteende. Det även innebär att individen ska undvika störningar som orsakas av miljön samt känslomässiga impulser som kan påverka individens framsteg på ett negativt sätt (Cervone & Pervin, 2019). Föräldrar kan stödja barns självreglering och motivation genom följande metoder:

- **Målsättning**: Hjälp barnen att sätta upp realistiska och konkreta mål för sina studier och fritidsaktiviteter. Detta kan ge dem en känsla av riktning och motivation.

- **Självövervakning**: Uppmuntra barnen att övervaka sina egna framsteg och reflektera över sina prestationer. Detta kan hjälpa dem att utveckla en känsla av ansvar och självkontroll.

- **Belöningssystem**: Skapa ett belöningssystem där barnen får belöningar för att uppnå sina mål och följa regler. Detta kan öka deras motivation och hjälpa dem att utveckla positiva beteenden.

- **Emotionell intelligens**: Hjälp barnen att identifiera och hantera sina känslor på ett hälsosamt sätt. Detta kan inkludera att prata om känslor, använda mindfulness-tekniker och lära dem att hantera stress.

Förmågan att reglera känslor och impulser är avgörande för barns utveckling, inte minst för barn med neuropsykiatriska funktionsnedsättningar. Genom att förstå deras unika behov och hjälpa dem att bygga upp självregleringsstrategier skapar vi trygghet, struktur och förutsättningar för lärande och social utveckling.

ADHD/ andra neuropsykiatriska funktionsnedsättningar

Utmaningar för barn med ADHD

Barn med ADHD eller liknande diagnoser har ofta svårt att följa regler, hålla koncentrationen och hantera impulsiva beteenden. Detta kan skapa stora utmaningar både hemma och i skolan. Under min tid som handledare på HVB-hem arbetade jag med flera ungdomar med ADHD. Jag såg hur deras oförmåga att reglera sitt beteende ofta ledde till konflikter med andra ungdomar och vuxna. Det krävdes ett nära samarbete med föräldrarna för att hjälpa dessa barn hantera sina utmaningar och hitta strategier som fungerade både i hemmet och på boendet.

Utmaningar för föräldrar med ADHD

Föräldrar med ADHD kan ha svårare att hantera vardagliga situationer, vilket gör föräldraskapet mer utmanande. Därför är det viktigt att både barn och föräldrar får rätt stöd och verktyg för att hantera dessa utmaningar på ett konstruktivt sätt. ADHD påverkar inte bara individens förmåga att fungera i vardagen, utan kan också skapa spänningar inom familjen när kommunikationen och förståelsen mellan föräldrar och barn brister.

Föräldrars roll och stöd

Föräldrar som har en grundläggande förståelse för psykologiska teorier och hur barns beteenden formas genom betingning och inlärning kan använda denna kunskap för att skapa en kärleksfull och strukturerad miljö för sina barn. Samtidigt är det viktigt att föräldrarna är medvetna om hur deras egna stressnivåer och eventuella diagnoser påverkar deras förmåga att vara närvarande och konsekventa. Genom att ge föräldrar rätt verktyg och stöd för att hantera dessa psykologiska aspekter kan vi hjälpa dem att skapa en stabil och trygg uppväxt för sina barn, en uppväxt som minskar risken för att de hamnar i kriminalitet eller andra destruktiva beteenden.

Detta stöd bör inkludera samhällsorienteringskurser, psykologiskt stöd och praktiska verktyg för att hantera vardagslivet och de utmaningar som följer med att uppfostra barn i dagens samhälle.

Forskningsresultat om ADHD

Studie om exekutiva funktioner och känsloreglering

Sjöwall, Roth, Lindqvist och Thorells studie (2013) undersöker sambandet mellan olika neuropsykologiska och emotionella funktionsnedsättningar hos barn med ADHD och belyser hur dessa faktorer bidrar till att skilja barn med ADHD från kontrollgruppen. Studien har undersökt hur barn med och utan ADHD skiljer sig åt när det gäller exekutiva funktioner (arbetsminne, hämning och förskjutning), fördröjningsaversion och reaktionstid. Ett fjärde område som studerades var känsloreglering hos barnen. Forskarna satte dessa variabler i förhållande till varandra för att studera likheter och skillnader mellan barn med och utan ADHD. Syftet med forskningen var att ta ställning till om nuvarande teoretiska och kliniska modeller för ADHD behöver ses över med ytterligare parametrar. Dessutom studerades om det finns samband mellan nedsatt känsloreglering och diagnosen ADHD samt om det finns könsskillnader (Sjöwall, Roth, Lindqvist & Thorell, 2013).

Metod och resultat

Studien använde sig av en kvantitativ metod som bestod av experiment och enkäter. Två grupper om 102 barn i respektive grupp deltog, där ena gruppen hade diagnosen ADHD och den andra var en kontrollgrupp utan ADHD. Barnens ålder var mellan 7 och 13 år och data samlades även in från deras föräldrar avseende känsloreglering (Sjöwall, Roth, Lindqvist & Thorell, 2013).

Resultatet visade att barn med ADHD skilde sig markant från kontrollgruppen, förutom fördröjningsaversion och igenkännande av avsky. De skilde sig på alla övriga deltester där barnen med ADHD presterade sämre. Studien visade inga korrelationer till kön utan båda könen reagerade/agerade på liknande sätt i RT- variabilitetstestet, fördröjningsaversion, känslomässig funktionsenkät. Sammanfattningsvis konstaterade forskarna att nedsättning i de centrala domänerna inom ADHD är exekutiv funktion, reaktionstidsvariabilitet och emotionell funktion, vilka oberoende av varandra skiljer mellan barn med ADHD och kontrollgruppen (Sjöwall, Roth, Lindqvist & Thorell, 2013).

Effekter på omgivande samhället

Individanpassad vård och ökad förståelse

- Genom att forskarna har identifierat vilka variabler som påverkar barnens känsloreglering och föreslår känsloreglering som fjärde variabel i klinisk och teoretisk forskning kan vården sätta in mer individanpassad vård.

- Genom att lyfta upp känsloreglering och sprida den kunskapen kan samhället få bättre förståelse för varför vissa reagerar som de gör samt reagerar olika beroende på miljö och dagsform.
- Studien ger indirekta indikationer på ett stärkt behov av KBT.
- Studien stärker också bilden av att diagnosen uttrycks på olika sätt för olika individer och spridningen av denna kunskap kommer leda till att samhället ser mer öppet på diagnosen.
- Studien ger bättre förståelse för varför vissa barn i tidig ålder agerar känslomässigt starkt och skolan kommer kunna förstå detta bättre och hjälpa barnet i stället för att sätta stämpel på barnet. Omgivningen kommer kunna skapa trygghet för barnet genom förståelsen av deras behov samt ha mer förståelse eller användning av både respondent- och operant betingning.
- Studien kan bidra till att minska stigmatiseringen av att ADHD och utåtagerande beteende är kopplade till pojkar.

Behavioristisk teori och ADHD

Pavlov, Watson och Skinner

Behaviorism är en av de psykologiska inlärningsteorierna som går ut på att individen formas helt och hållet av sin miljö. Pavlov, Watson och Skinner är de främsta inom teorin. De studerade djurs beteenden för att kartlägga basala inlärningsprinciper som är av grundläggande betydelse för människors och djurs interaktion med miljön, vilket kallas betingning. Pavlov lade grunden för forskningen kring djurs (hundars) interaktion med miljön, känd som respondentbetingning eller klassisk betingning, medan Skinner utforskade inlärningsprinciperna för operant betingning.

Respondent och operant betingning

Respondent beteende syftar på ofrivilliga reaktioner som utlöses av olika stimuli. En del sådana reaktioner är obetingade, vilket innebär att de uppstår oberoende av tidigare erfarenheter eller inlärning. Exempel på detta är när vi avsöndrar saliv när vi ser mat. Andra respondenta reaktioner är betingade, vilket innebär att de är ett resultat av inlärning – så kallad respondentbetingning. Ett klassiskt exempel från Pavlovs forskning är att om en hund regelmässigt får mat efter att en klocka ringer, börjar hunden avsöndra saliv när klockan ringer, även om ingen mat serveras.

Operant betingning innebär att beteenden som ger tillfredsställelse kommer att återupprepas, medan beteenden som ger obehag inte kommer att återupprepas. Konsekvenserna av beteendet är avgörande för hur individen ska bete sig nästa gång i samma situation.

Praktiska förslag för lärare

Positiv förstärkning och belöningar

Lärare behöver bli bättre på att hjälpa barn med emotionell reglering, så att de får en positiv upplevelse av att kunna behålla kontrollen. Positiv förstärkning innebär att när en individ får belöning för ett bra presterat arbete, kommer detta att leda till att beteendet förstärks och individen kommer att fortsätta prestera på samma vis. För barn med ADHD kan detta bestå av positiv feedback eller belöningar som uppskattas av eleven. Det är viktigt att ge korta eller små belöningar i stället för enstaka större belöningar, då barn med ADHD ofta föredrar detta och har behov av det för att upprätthålla motivation och struktur i vardagen.

Anpassning av undervisning och stöd

Läraren bör vara extra försiktig och göra individuella bedömningar, eftersom elever med ADHD kan vara olika känsliga eller ha olika grader av bristningar i känsloregleringen. En utmaning kan vara om eleven eller föräldrarna ska berätta för läraren om diagnosen och behov av belöningar eller positiv förstärkning, då vissa ser ADHD något skamligt. En annan utmaning kan vara sekretessen som läraren omfattas av och därför inte riktigt kan förklara för andra elever varför just den eleven beter sig som hen gör.

Utmaningar och lösningar

Stigmatisering och sekretess

Stigmatiseringen av ADHD och utåtagerande beteende kan innebära en stor utmaning. Det är viktigt att skapa en öppen och förstående miljö där elever med ADHD inte stigmatiseras. Sekretess kan som sagt också vara en utmaning, då lärare och andra vuxna ibland inte kan dela viktig information om en elevs diagnos och behov. För att övervinna dessa utmaningar är det viktigt att:

- **Öka medvetenheten**: Utbilda lärare, elever och föräldrar om ADHD och dess påverkan för att minska stigmatiseringen och öka förståelsen.
- **Främja öppen kommunikation**: Skapa en miljö där elever och föräldrar känner sig trygga att dela information om diagnoser och behov utan rädsla för stigmatisering.
- **Anpassa sekretessregler**: Arbeta för att hitta en balans mellan att skydda elevers integritet och att dela nödvändig information för att ge bästa möjliga stöd.

Stöd för föräldrar med ADHD och andra utmaningar

Föräldrar med ADHD kan möta unika utmaningar i sitt föräldraskap. Här är några strategier som kan hjälpa:

- **Tidshantering**: Använd påminnelser, tidsblockeringar och/eller kalendrar för att hålla koll på dagliga uppgifter och aktiviteter.
- **Organisering**: Skapa rutiner och använd visuella hjälpmedel som listor och scheman för att hålla ordning i hemmet.
- **Stresshantering**: Praktisera mindfulness, meditation eller fysisk aktivitet för att hantera stress och förbättra ditt välmående.

Digitala verktyg och resurser till föräldrarna

- **Appar/onlineplattformar**: Föreslå appar och onlineplattformar som kan hjälpa föräldrar att organisera sin vardag, följa upp sina barns skolresultat och hitta stödgrupper. Exempel kan vara appar för tidshantering, kommunikation med skolan och mental hälsa.

- **Webbinarier/onlinekurser**: Rekommendera webbinarier och onlinekurser som föräldrar kan delta i för att lära sig mer om föräldraskap, barns utveckling och hur man hanterar specifika utmaningar som ADHD eller stress.
- Föräldrar kan också stödja sina barn med ADHD genom att skapa en strukturerad vardag, använda positiv förstärkning och arbeta nära skolan för att säkerställa att barnet får det stöd de behöver.

Sammanfattning Kapitel 3: Psykologiska aspekter av föräldraskap

Detta kapitel utforskar hur barns beteenden och personligheter formas genom psykologiska processer och hur föräldrar kan använda denna kunskap för att skapa en kärleksfull och strukturerad miljö. Genom att förstå teorier som betingning och inlärning kan föräldrar bättre vägleda sina barn och hantera utmaningar som stress och ADHD.

Barns beteenden lärs in genom klassisk och operant betingning. Klassisk betingning innebär att barn associerar en viss händelse med en specifik reaktion, operant betingning handlar om lärande genom konsekvenser. Föräldrar kan använda positiv förstärkning för att uppmuntra önskade beteenden och negativ förstärkning för att minska oönskade beteenden. Barns personligheter utvecklas i ett komplext samspel mellan genetiska och miljömässiga faktorer.

Föräldrar kan påverka sina barns personlighetsutveckling genom att skapa en miljö som antingen förstärker eller mildrar vissa drag. Femfaktorteorin, som identifierar fem grundläggande dimensioner av personlighet, används för att förklara dessa processer.

Stress är en naturlig del av livet men det är viktigt att förstå hur stress kan påverka både föräldrar och barn negativt. När föräldrar kämpar med stress påverkar det deras förmåga att vara närvarande och stötande.

ADHD och andra neuropsykiatriska funktionsnedsättningar, kan skapa utmaningar för både barn och föräldrar. Genom att erbjuda rätt stöd och verktyg kan föräldrar hjälpa sina barn att hantera dessa utmaningar på ett konstruktivt sätt. I dagens digitala värld är sociala medier en stor del av barnens vardag. Genom att förstå och tillämpa psykologiska aspekter kan föräldrar skapa en stabil och trygg uppväxt för sina barn, vilket minskar risken för att barnen hamnar i kriminalitet eller andra destruktiva beteenden.

- **Fråga**: Hur kan du använda betingningsteorin för att forma positiva beteenden hos dina barn eller elever?
- **Reflektion**: Tänk på en gång när du har använt positiv förstärkning eller negativ förstärkning. Vad var resultatet och vad lärde du dig av det?

Kapitel 4: Utbildningens och skolans roll i förebyggandet av kriminalitet

Utbildning är ett av de mest kraftfulla verktygen för att förhindra ungdomsbrottslighet. En god skolgång ger inte bara kunskap och färdigheter, utan skapar också struktur, sociala band och framtidstro. När ungdomar lyckas i skolan och känner sig engagerade i sitt lärande, minskar risken för att de ska söka sig till destruktiva miljöer. Samtidigt har skolan en viktig roll i att identifiera de barn och ungdomar som riskerar att falla utanför och utveckla riskbeteenden. Men utan stöd från föräldrar och ett fungerande samarbete mellan skola och hem, försvagas skolans förmåga att förebygga kriminalitet.

Det var också något som bekräftades i intervjun med sektionschefen på socialtjänsten i Malmö. Hen beskrev hur många unga kriminella inte ser sin framtid i skolbänken eller arbetslivet, utan i gängen, där de snabbt finner tillhörighet och en känsla av status som de inte får hemma. Denna känsla av gemenskap och erkännande är något som samhället måste adressera genom att ge föräldrarna de verktyg de behöver för att kunna konkurrera med sådana destruktiva strukturer.

Skolans roll i att skapa struktur och ansvar

Skolan är en viktig del av ungdomars vardag och spelar en stor roll i att forma deras beteenden och framtidsutsikter. Skolan erbjuder inte bara utbildning i akademiska ämnen, utan också sociala lärdomar som ansvar, samarbete och konfliktlösning. Skolan ger ungdomar en plats att utveckla sina sociala färdigheter och ger dem verktyg för att navigera världen utanför.

Skolan spelar en avgörande roll i att ge ungdomar struktur och ansvar. När ungdomar engagerar sig i skolarbetet och siktar på sina mål, utvecklar de en känsla av ansvar som kan hålla dem borta från kriminalitet. Men när föräldrar inte hjälper eller lär sina barn att respektera auktoriteter kan konsekvenserna bli allvarliga.

Ett aktuellt och oroande exempel på hur bristande sociala band och stöd kan leda till allvarliga konsekvenser är en incident där en förskoleelev hotade en lärare med en sax. Trots att barnet hade diagnostiserats med ADHD och trotssyndrom, vägrade föräldrarna medicinering på grund av religiösa skäl. Detta försvårade förskolans ansträngningar att hantera barnets extrema beteende, inklusive självskadebeteende och hot mot andra (TV4 Nyheterna, 2025). Denna situation illustrerar hur viktigt det är med starka sociala band och stöd från både familj och samhälle för att förebygga sådana extrema beteenden.

Föräldrar har ett stort ansvar att samarbeta med skolan och sjukvården för barnens bästa. När föräldrar vägrar att samarbeta och inte tillåter nödvändig medicinering eller stöd, riskerar de inte bara sitt eget barns välmående, utan även säkerheten för andra elever och skolpersonal. Om ett barn redan vid förskoleåldern hotar lärare, väcker det oro för vad barnet kan vara kapabelt till när det blir äldre. Det är avgörande att föräldrar tar sitt ansvar och arbetar tillsammans med skolan och sjukvården för att skapa en trygg och stödjande miljö för alla.

Situational Action Theory (SAT) betonar hur individens moraliska uppfattningar och den omgivande miljön påverkar beslutet att begå brott. Föräldrar spelar en central roll i att forma dessa moraliska uppfattningar genom att lära sina barn rätt från fel och genom att vara förebilder i hur man hanterar konflikter och utmaningar. När föräldrar inte tar sitt ansvar och inte samarbetar med skolan och sjukvården, kan det leda till att barn utvecklar negativa moraliska uppfattningar och beteenden som kan eskalera till allvarligare brottsliga handlingar i framtiden.

Många av de ungdomar som jag arbetade med under min tid som handledare på HVB-hem hade tappat kontakten med skolan och detta var ofta en avgörande faktor i deras väg in i kriminalitet.

I en av de intervjuer jag genomförde med en kurator framkom det att en stark koppling mellan skola och hem är avgörande för att hjälpa ungdomar hålla sig på rätt spår. Kuratorn beskrev hur viktig föräldranärvaron är för att skolan ska kunna utföra sitt uppdrag och hur svårt det blir att hjälpa ungdomar som saknar föräldraengagemang. Skolan kan sätta upp regler och strukturer men om dessa inte stöds av föräldrarna hemma blir skolans arbete mycket svårare.

Skolan kan hjälpa till att forma ungdomars moraliska uppfattningar genom att lära dem om ansvar, respekt och samarbete. Genom att skapa en miljö där dessa värderingar uppmuntras och belönas, kan skolan bidra till att utveckla positiva moraliska uppfattningar hos eleverna. Detta minskar risken för att de ska begå brott eftersom de internaliserar dessa värderingar och ser dem som en del av sin identitet men för att detta ska fungera så måste detta gälla även hemma.

Föräldrarnas roll i skolgången

Som tidigare poängterats spelar föräldrar en central roll i sina barns utveckling. Detta gäller i högsta grad även skolgången. Föräldrar som engagerar sig i sina barns utbildning genom att sätta upp förväntningar, följa upp skolresultat och samarbeta med lärarna bidrar till att skapa en stabil grund för framgång. De bidrar även till att förstärka de positiva moraliska uppfattningar som skolan försöker förmedla. Genom att samarbeta med skolan och stödja sina barns utbildning, kan föräldrar bidra till att skapa en sammanhängande och stödjande miljö som minskar risken för att barnen ska dras in i kriminalitet.

Tyvärr är detta inte alltid fallet, särskilt inte i områden med hög social utsatthet, där föräldrarna ofta saknar tid, resurser eller kunskap för att aktivt stödja sina barns skolgång.

Jag hade en vän som en gång sa: "Jag blir glad om de ens lämnar mat till mig. Jag är bortglömd bland mina åtta syskon och delar rum med tre av dem. Därför vill jag hellre vara ute än hemma, där det är trångt och jag är osynlig. Dessutom är min pappa knappt hemma och frågar aldrig hur vi har det, eftersom han är i sitt andra hem oftare."

Han menade att hans pappa hade två fruar som bodde i lägenheter mittemot varandra. Varje fru hade fem respektive fyra barn. Pappan var inte officiellt gift med någon av dessa fruar, utan var skild på pappret men gift enligt religionen. Anledningen till att han hade skilt sig från sin andra fru var för att han planerade att hämta sin tredje fru till Sverige och uppge henne som sin enda fru. Varken pappan eller dessa två "fruar" var självförsörjande, hade någonsin arbetat eller kunde ett ord svenska.

I mitt arbete som socialsekreterare/ arbetsmarknadssekreterare såg jag ofta hur bristen på föräldraengagemang i skolan ledde till att ungdomar tappade riktning och motivation. I vissa fall kom föräldrarna till skolan och förväntade sig att lärarna skulle ta över hela ansvaret för barnens uppfostran ”det är ert jobb, ni får pengar för det”. Detta skapade en känsla av hjälplöshet och frustration hos både skolpersonal och barnen själva. Kuratorn jag intervjuade beskrev hur föräldrar ofta krävde att skolan skulle ta på sig ett större ansvar än vad som var rimligt, vilket satte stor press på lärarna och skolledningen.

Skolmisslyckande och vägen till kriminalitet

När ungdomar misslyckas i skolan ökar risken för att de ska hamna i kriminalitet. Skolmisslyckande innebär inte bara att eleverna missar viktiga kunskaper som kan hjälpa dem i framtiden, utan det kan också skapa en känsla av utanförskap, låg självkänsla och negativa moraliska uppfattningar. Ungdomar som känner sig misslyckade och utanför i skolan söker sig ofta till grupper där de kan få erkännande och tillhörighet, vilket i många fall leder till att de dras in i kriminella nätverk. Genom att erbjuda stöd och resurser för elever i riskzonen kan skolan hjälpa till att förhindra att dessa negativa uppfattningar utvecklas och i stället främja en positiv självbild och framtidstro.

I alla mina intervjuer framkom att skolmisslyckande är en av de främsta orsakerna till ungdomsbrottslighet. Ungdomar som misslyckas i skolan och tappar kontakten med sina lärare och klasskamrater löper större risk att bli rekryterade till kriminella nätverk, där de får en känsla av erkännande och status som de inte kan få i skolan.

Chefen på socialtjänsten beskrev hur vissa ungdomar som hamnar i kriminalitet inte känner att de har några andra valmöjligheter. De ser ingen framtid i skolan och upplever att de aldrig kommer att kunna lyckas där. Kriminaliteten erbjuder en snabb väg till pengar och erkännande, något som skolan inte kan ge dem. Detta är särskilt tydligt i områden där ungdomarna känner att skolans krav och förväntningar är för höga i förhållande till det stöd och de resurser de får hemma.

När barn inte lyckas i skolan riskerar de att förlora känslan av sammanhang och framtidstro. Det öppnar dörren till andra identiteter – där kriminalitet blir ett sätt att vinna status. Därför måste vi se skolmisslyckanden som ett varningstecken och inte bara som ett pedagogiskt problem.

Åtgärder för att stödja elever i riskzonen

För att förhindra att ungdomar hamnar i kriminalitet måste skolan och samhället som helhet arbeta tillsammans för att identifiera och stödja elever som befinner sig i riskzonen för att misslyckas i skolan. Detta kräver ett nära samarbete mellan skolan, föräldrarna, socialtjänsten och andra relevanta aktörer. Tidiga insatser och stödprogram kan hjälpa till att förändra de situationella faktorer som bidrar till kriminalitet. Genom att erbjuda extra stöd i skolan, mentorprogram och sociala aktiviteter kan samhället hjälpa ungdomar att utveckla positiva moraliska uppfattningar och minska risken för att de ska begå brott.

Under min tid som arbetsmarknadssekreterare och handledare på HVB-hem såg jag hur viktigt det är att skapa individuella handlingsplaner för ungdomar som riskerar att misslyckas i skolan. Dessa planer måste ta hänsyn till ungdomens individuella behov och förutsättningar och erbjuda konkreta åtgärder för att stärka deras skolprestationer. En av de mest framgångsrika metoderna som jag såg var att skapa mentorskapsprogram där ungdomarna fick stöd och vägledning av vuxna förebilder.

Ett exempel på detta är ett program jag deltog i när jag gick gymnasiet, där ungdomar fick en personlig mentor som följde dem genom deras skolgång och hjälpte dem att sätta upp mål och utveckla strategier för att nå dessa. Många av ungdomarna i programmet beskrev hur viktigt det var för dem att ha en vuxen som trodde på deras förmåga och som kunde ge dem den vägledning som de saknade från hemmet.

Samverkan mellan skola, socialtjänst och polisen

För att skolan ska kunna utföra sitt förebyggande arbete på ett effektivt sätt krävs ett starkt samarbete mellan skola, socialtjänst och andra samhällsaktörer. Det räcker inte att skolorna ensamma tar på sig ansvaret för att hjälpa ungdomar i riskzonen, måste hela samhället vara involverat i processen.

I en av mina intervjuer med en kurator framkom att samarbetet mellan skola och socialtjänst ofta hindras av sekretesslagar, vilket gör det svårt att dela information och samarbeta effektivt. Detta är ett problem som många inom skolan och socialtjänsten har pekat på som en stor utmaning när det gäller att ge ungdomar i riskzonen det stöd de behöver.

För att förbättra detta samarbete är det viktigt att sekretessreglerna omarbetas. Detta skulle möjliggöra att myndigheter kan dela information och samarbeta effektivt. Ett starkare samarbete mellan skola, socialtjänst och andra samhällsaktörer skulle ge ett mer holistiskt stöd till ungdomarna och hjälpa till att förebygga kriminalitet. Detta kommer att diskuteras mer ingående i kapitel 7.

Ekonomisk utsatthet

Den starkaste riskfaktorn för ungdomsbrottslighet är den ekonomiska utsattheten. Ungdomar som växer upp i fattigdom har ofta begränsade möjligheter och kan dras in i kriminalitet som ett sätt att tjäna pengar och få status. Samhället måste arbeta för att minska ekonomiska klyftor och skapa fler möjligheter för ungdomar att lyckas.

Arbetsmarknadsåtgärder

Att skapa sysselsättningsmöjligheter för ungdomar är avgörande för att hålla dem borta från kriminalitet. Praktikplatser, lärlingsprogram och sommarjobb kan ge ungdomar värdefull arbetslivserfarenhet och en känsla av mening och tillhörighet. Arbetsmarknadsåtgärder som riktar sig till ungdomar i riskzonen kan bidra till att minska kriminaliteten och skapa en mer inkluderande arbetsmarknad.

Malmö stad har framgångsrikt arbetat med att hålla många ungdomar borta från gatorna genom att erbjuda dem möjligheten att delta i olika sådana verksamheter. Ett exempel är programmet **"Ung i sommar"**, där ungdomar får sommarjobb och lön för sitt arbete. Genom detta program får ungdomarna se hur olika arbetsplatser fungerar, vad det innebär att ha ett jobb och delta i aktiviteter som är kopplade till arbetsmarknaden. Dessutom bjuder staden in olika chefer till dessa aktiviteter för att prata om sina karriärresor vilket ger ungdomarna inspiration och insikt i arbetslivet. Dock är antalet platser i programmet begränsat vilket innebär att inte alla ungdomar som söker får möjlighet att delta.

Samarbete med skolan och samhället

Föräldrar spelar en avgörande roll i sina barns utbildning och kan samarbeta med skolan på flera sätt:

- **Föräldramöten**: Delta i föräldramöten för att hålla dig informerad om ditt barns framsteg och skolans förväntningar.
- **Kommunikation med lärare**: Håll regelbunden kontakt med ditt barns lärare för att diskutera deras utveckling och eventuella utmaningar.

- **Uppföljning av skolresultat**: Följ upp ditt barns skolresultat och hjälp dem med läxor och studier.

Resurser i samhället

Det finns många samhällsresurser som kan stödja föräldrar och barn:

- **Lokala stödgrupper**: Delta i stödgrupper för föräldrar, där du kan dela erfarenheter och få råd.
- **Socialtjänst**: Kontakta socialtjänsten för att få hjälp med familjeproblem eller ekonomiskt stöd.
- **Fritidsaktiviteter**: Anmäl ditt barn till fritidsaktiviteter som sport, musik eller konst för att främja deras sociala och fysiska utveckling.

Sammanfattning kapitel 4, utbildningens och skolans roll i förebyggandet av kriminalitet

Skolan spelar en avgörande roll i att forma ungdomars framtid och förebygga kriminalitet men för att skolan ska kunna utföra detta arbete krävs ett starkt samarbete mellan föräldrar, socialtjänst och andra samhällsaktörer. Utan detta stöd riskerar skolan att misslyckas med sitt uppdrag att hålla ungdomar engagerade och på rätt väg.

Föräldrar måste också ta ett större ansvar för sina barns utbildning och vara aktiva deltagare i deras skolgång. Genom att arbeta tillsammans kan vi skapa ett starkare stöd för ungdomar som befinner sig i riskzonen för att hamna i kriminalitet och ge dem de verktyg och den vägledning de behöver för att lyckas i livet.

- **Fråga**: Hur kan skolor och föräldrar bättre samarbeta för att stödja barns utbildning och förebygga kriminalitet?
- **Reflektion**: Reflektera över en tid då du eller ditt barn hade svårt i skolan. Vad kunde ha gjorts annorlunda för att förbättra situationen?

Kapitel 5: Föräldrastöd och samhällsorientering – nyckeln till att bryta kriminalitet

Föräldrastöd är avgörande för att minska ungdomsbrottslighet och stärka samhällets skyddsnät. Samhället har länge förlitat sig på insatser från polisen, skolan och socialtjänsten, men dessa insatser räcker inte om inte föräldrarna får verktyg och stöd för att ta sitt ansvar fullt ut. I kommande kapitlet diskuterar vi vikten av föräldrastöd, i form av utbildning och praktiska insatser samt hur samhällsorienteringskurser kan spela en avgörande roll för att ge föräldrar de nödvändiga verktygen för att förhindra att deras barn dras in i kriminalitet.

Vikten av föräldrastöd

Som tidigare diskuterats utgör föräldrarna grunden för ett barns utveckling och uppfostran. Om föräldrar inte får stöd eller verktyg för att hantera de utmaningar som föräldraskap innebär, riskerar barnen att hamna på en destruktiv väg. Jag arbetade med många familjer där föräldrarna kämpade med att balansera vardagslivet, arbetet och att uppfostra sina barn. Det blev tydligt att när föräldrar saknar verktyg och stöd för att hantera dessa utmaningar, påverkar det hela familjens dynamik och i förlängningen även barnens framtid.

Ett konkret exempel från mitt arbete var en ensamstående mor som kämpade med ekonomiska svårigheter samtidigt som hon försökte få sina två tonårsbarn, varav totalt fem barn, att sköta skolan och hålla sig borta från gatan. Trots hennes bästa ansträngningar saknade hon den vägledning och det stöd som behövdes för att sätta tydliga gränser och ge barnen den struktur de behövde. Det slutade med att hennes ena son mördades.

Föräldrar behöver inte bara utbildas om hur de ska hantera disciplin och reglering av sina barns beteende, utan också ges stöd för att hantera sina egna utmaningar. Stress, arbetslöshet, utanförskap och psykisk ohälsa är vanliga faktorer som påverkar föräldrars förmåga att vara närvarande och konsekventa i sitt föräldraskap. Genom att erbjuda föräldrar stöd i dessa områden kan vi skapa en stabilare miljö för barnen och minska risken för att de dras in i kriminalitet.

Samhällsorientering som ett verktyg för att stärka föräldrar

Ett effektivt sätt att stärka föräldrarnas roll i samhället är samhällsorientering. Samhällsorienteringskurser kan ge föräldrar den kunskap de behöver för att förstå hur det svenska samhället fungerar, vilka rättigheter och skyldigheter de har som föräldrar, och hur de bäst kan stödja sina barn.

I mina intervjuer med socialtjänsten och skolan framkom att många föräldrar, särskilt de som invandrat till Sverige, kämpar med att förstå hur de ska navigera i det svenska samhällssystemet. Många föräldrar saknar kunskap om hur skolsystemet fungerar, vilka rättigheter deras barn har, framför allt vilka skyldigheter de och barnen har gentemot samhället och hur de bäst kan stötta sina barn genom deras skolgång. Detta leder ofta till att föräldrarna tappar kontrollen över sina barns utbildning och utveckling.

Ett exempel på detta var en familj jag arbetade med där föräldrarna kämpade med att förstå hur den svenska skolans struktur fungerade. De förstod inte vikten av föräldramöten, uppföljningar av barnens framsteg eller att vara aktiva i deras utbildning. Genom samhällsorienteringskurser fick de lära sig hur skolsystemet fungerar och hur de kunde stötta sina barn på ett mer effektivt sätt. Resultatet blev att både föräldrarna och barnen blev mer engagerade i skolgången, vilket minskade risken för att barnen skulle hamna i problem.

Att göra samhällsorientering obligatorisk

Samhällsorientering bör inte vara frivillig, den bör vara obligatorisk, inte som ett straff utan som ett stöd för föräldrar som anses ha svårigheter att hantera sitt föräldraskap. Detta skulle inkludera inte bara nyanlända föräldrar utan även de som bott i Sverige under lång tid men ändå har svårt att anpassa sig till de krav och förväntningar som ställs på dem som föräldrar.

Genom att göra samhällsorientering obligatorisk kan vi säkerställa att alla föräldrar får den kunskap och de verktyg de behöver för att ta sitt ansvar. Kurserna kan täcka ämnen som svensk lagstiftning, barns rättigheter, vikten av utbildning och hur man bäst kan stödja sina barn för att undvika att de hamnar i kriminalitet.

Exempel på det är kursen samhällsorientering om det svenska samhället för de som nyligen flyttat till Sverige som Malmö stad har hand om. Kursen ger viktig information för en bra start i Malmö. Samhällsorientering är en avgörande kurs för nyanlända i Sverige och erbjuder viktig information om det svenska samhället. Den syftar till att ge deltagarna en djupare förståelse för deras rättigheter och skyldigheter, samt insikt i demokrati och vardagsliv i Sverige. Den omfattar minst 100 timmar och är uppdelad i fyra delkurser som täcker ämnen som boende, arbete, utbildning, hälsa, demokrati, kultur och individens rättigheter. Den erbjuds på deltagarnas modersmål eller ett annat språk de behärskar, vilket gör den tillgänglig och lättförståelig för alla.

Flexibiliteten i kursen gör det möjligt för deltagarna att kombinera den med arbete eller andra studier, vilket underlättar deras integration. Genom att delta i samhällsorientering får nyanlända en stabil grund att stå på, vilket hjälper dem att navigera och bidra till det svenska samhället på ett meningsfullt sätt.

För att ytterligare stärka integrationen bör samhällsorientering vara obligatorisk inte bara för nyanlända, utan även för alla som anses ha det svårt att komma in i samhället. Detta skulle säkerställa att fler individer får det stöd och kunskap de behöver för att bli aktiva och engagerade medborgare. Då kommer både föräldrar och de som inte är föräldrar att vara utrustade med kunskap om vad som gäller i det svenska samhället, allt från ekonomiskt bistånd och bidragssystemet till att ha barn och socialtjänstlagen gällande LVU.

Konsekvenspedagogik

Den danska konsekvenspedagogiken, utvecklad av Jens Bay, är en pedagogisk metod som betonar ansvar, konsekvenser och självständigt tänkande hos barn och ungdomar. Utgångspunkten är att individer lär sig genom att förstå sambandet mellan sitt eget beteende och de naturliga eller logiska konsekvenserna av detta. I stället för att straffa oönskat beteende, fokuserar denna metod på att låta personen uppleva följderna av sitt agerande (Bay, 2005).

Konsekvenspedagogik syftar till att hjälpa barn och unga att ta ansvar för sina handlingar och utveckla en inre motivation för förändring. Den används ofta i skolor och sociala sammanhang, som HVB-hem eller institutioner för ungdomar med särskilda behov. Målet är att stödja individens personliga utveckling genom dialog, reflektion och vägledning snarare än genom traditionella bestraffningsmetoder (Bay, 2005).

Konsekvenspedagogik fungerar bäst när det finns en relation att bygga på. Regler, belöningar och konsekvenser är viktiga – men det verkliga lärandet sker i tryggheten mellan barn och vuxen. När vi kopplar pedagogiken till emotionell närvaro, får den verklig effekt.

Konsekvenspedagogikens grundprinciper inkluderar:

1. **Ansvarstagande**: Individer lär sig att ta ansvar för sina handlingar genom att förstå och uppleva konsekvenserna av sitt beteende.

2. **Självständigt tänkande**: Metoden uppmuntrar självständigt tänkande och problemlösning, vilket stärker individens förmåga att fatta egna beslut.

3. **Dialog och reflektion**: Genom kontinuerlig dialog och reflektion får individer möjlighet att förstå sina handlingar och deras påverkan på omgivningen.

4. **Inre motivation**: Fokus ligger på att utveckla en inre motivation för förändring snarare än att förlita sig på yttre belöningar eller straff (Bay, 2005).

Genom att tillämpa dessa principer kan konsekvenspedagogik bidra till en mer hållbar och positiv utveckling för barn och ungdomar, både i skolan och i deras personliga liv.

Under min tid som socialsekreterare såg jag många fall där föräldrar som hade fått stöd genom samhällsorientering eller föräldrautbildningen klarade av att anpassa sig till samhällets krav och ge sina barn en bättre start i livet. Ett exempel är ett föräldrapar som efter flera års svårigheter att anpassa sig till svenska normer och regler till slut deltog i en samhällsorienteringskurs. Genom kursen fick de inte bara en bättre förståelse för sina egna rättigheter och skyldigheter, utan lärde sig också hur de bäst kunde stötta sina barn i skolan och i vardagen. Deras barn, som tidigare hade haft problem i skolan och börjat umgås med destruktiva kamrater, förbättrade sina skolresultat och slutade umgås med destruktiva vänner. Barnen återfick sin motivation.

De som inte följer sin planering kan få ekonomiska konsekvenser, eftersom man arbetar utifrån en konsekvenspedagogik där individen styr och tar ansvar för sin planering. Det är socialtjänsten, som har utbildning och kompetens inom socialt arbete, som ska arbeta med detta. Socialtjänsten ska inte bara agera som en ekonomiassistent som beviljar eller avslår ekonomiskt bistånd. Genom att socialtjänsten tar ett helhetsansvar för individens planering och uppföljning kan polisen fokusera på sitt arbete som polis och läraren kan fokusera på sitt arbete som lärare.

Långsiktiga effekter av föräldrastöd/ samhällsorientering

Effekterna av föräldrastöd och samhällsorientering är långsiktiga. När föräldrar får verktyg för att hantera sin roll på ett mer effektivt sätt skapas en kedjereaktion som påverkar både familjen och samhället som helhet. Genom att stärka föräldrarna kan vi minska ungdomars benägenhet att hamna i brottslighet och samtidigt skapa en mer stabil och trygg miljö för alla.

I mina intervjuer med polisen och socialarbetare framkom att samhällsorientering inte bara hjälper föräldrar att navigera i samhället, utan också minskar trycket på sociala insatser och brottsbekämpning. Polisen jag talade med beskrev hur samhällsorientering skulle kunna förebygga många av de problem de ser i utsatta områden, där föräldrarna ofta saknar kunskap och verktyg för att hantera sina barns beteende. Genom att stärka föräldrarnas roll skulle många av de problem som polisen hanterar kunna förebyggas redan i hemmet.

Metod och insats

I detta avsnitt kommer jag att utforska de olika metoder och insatser som används av polisen, socialtjänsten, skolan och andra samhällsaktörer för att förebygga och hantera de som begår brott, utifrån intervjupersonernas upplevelser. Genom att förstå de strategier och verktyg som används kan vi få en bättre inblick i hur samhället arbetar för att skapa en tryggare miljö för våra ungdomar och deras familjer. Jag kommer att gå igenom de specifika metoder som varje aktör använder, samt de insatser som erbjuds för att stödja ungdomar i riskzonen och deras familjer.

Jenny på polisen menar att de inte har någon särskild metod de jobbar utifrån mer än att närvara i trafiken till ungdomar samt i samverkan med både socialtjänsten och skola. Polisen jobbar inte brottförebyggande utan fokus ligger på ingripandet samt relationsskapandet när de är ute och det finns andra aktörer som sköter det förebyggande arbetet, som de har ett samarbete med.

”Om vi känner oro för en ungdom, kan vi prata med föräldrarna och ungdomen om vi ser en risk för fortsatt negativ utveckling. Vi fokuserar mycket på att bygga relationer med ungdomarna, så att de lär känna oss och vi lär känna dem. När vi ser en förändring i beteende, följer vi upp och lägger stor vikt vid relationsskapande arbete.” (Jenny, polisen)

Och det är lika så med insatser, menar Jenny och fortsätter: ”Polisen erbjuder inga insatser direkt men vi samverkar nära med socialtjänsten. Vi träffar chefer för ungdomssektionen och enhetschefer för behandlingen Lyftet var tredje vecka. Socialtjänsten och öppenvården har det yttersta ansvaret på individnivå, medan polisen arbetar mer socialpreventivt. På grund av sekretess har vi inte tillgång till ungdomsutredningar, vilket gör att ansvaret ligger på socialtjänsten." (Jenny, polisen)

Socialtjänsten jobbar med BBIC-metoden eller Barns Behov i Centrum, ett arbetssätt som används för att utreda och följa upp barns sociala situation. Syftet med BBIC är att säkerställa att barn får det stöd och skydd de behöver för att växa upp under trygga förhållanden. BBIC bygger på en modell som kallas BBIC-triangeln, där barnets behov, föräldrarnas förmåga och familjens samt miljöns påverkan utgör de tre sidorna. Föräldrarna har en central roll i denna modell, eftersom de står för både föräldrarnas förmåga och miljön, som är två av de tre pelarna triangeln består av.

Genom att använda standardiserade formulär och stöddokument strävar BBIC efter att skapa en strukturerad och rättssäker handläggning. Under fyra månader ska socialtjänsten utreda, inhämta information om ungdomen. Detta genom besök, samtal med skola och annat, för att få en så bra bild som möjligt över deras situation.

"Om det framkommer oro för familjen på grund av utsatthet, är det vårt ansvar inom socialtjänsten att tillgodose ungdomens olika behov." (Matilda, socialtjänsten)

De insatser som erbjuds är bland annat samtal med ungdomen och föräldrarna samt Lyftet. "Vi har Lyftet bland annat, som är en intensiv, högintensiv öppenvårdsbehandling där de har fokus, ungdomar med kriminalitet men även i missbruk. Sedan har vi intensiv familjebehandling, multisystemisk terapi, vi har lite andra öppenvårdsinsatser som är riktade."

Lyftet är, som tidigare beskrivet, en insats som socialtjänsten har och använder med ungdomar som har eller är på väg att hamna i kriminalitet. ”Vi är en insats från socialtjänsten. Vi kommer in i senare skede när socialtjänsten har tagit över ärendet, kartlagt samt utrett och kommit fram till att det är vår insats som gäller… vi är alltså socialtjänsten, vi är deras förlängda arm. Om man säger att socialtjänsten vill att det ska gå bra för dem, så är vi den här insatsen som ska ge dem allt ifrån råd, verktyg, stöttning, lite av allt” (Johan, Lyftet)

Johan säger att de jobbar utifrån handledning, att de handleder ungdomen i det vardagliga, coachar och vägleder.

Johan på Lyftet menar att de själva är en insats men de jobbar utifrån tre så kallade behandlingar; nämligen alliansfasen, första tiden när de börjar lära känna ungdomen, sedan så de vi förändringsfasen och det är att man ska börja jobba aktivt med ungdomen när de har skapat relationen och tilliten. Den tredje och sista är “utfärdäringen”, det är när man har sett förändringar, vare sig det är positiva eller negativa.

Därutöver använder Lyftet även Repulse -modellen som används även i skolan som går ut på ”STOPP och TÄNK!”, att tänka konsekvent. Till sist kan även ART komma till användning av Lyftet, med ungdomar som är utåtagerande och inte kan styra sina känslor eller beteende. ART står ” Aggression replacement training”.

ART är en kognitiv beteendeintervention som syftar till att minska aggressivt och våldsamt beteende hos ungdomar. Programmet består av tre huvudsakliga komponenter:

1. Social färdighetsträning, där ungdomar lär sig att ersätta aggressiva beteenden med prosociala genom att öva på sociala färdigheter.

2. Träning i att hantera ilska, där ungdomar lär sig att identifiera sina ilskeutlösare och använda tekniker för att kontrollera sin ilska.

3. Moralisk resonemangsträning, där ungdomar utvecklar förmågan att inta andras perspektiv och fatta ansvarsfulla moraliska beslut. Föräldrarna spelar en central roll i ART, eftersom deras stöd och engagemang är avgörande för att ungdomarna ska kunna tillämpa de färdigheter de lär sig i programmet i sin vardag. Programmet genomförs vanligtvis under en period av tio veckor, med tre sessioner per vecka (Goldstein, Glick, & Gibbs, 1998).

Karin från skolan säger att hon använder sig av en metod som hon själv har utvecklat och kallar den för ”V-modellen” som syftar på en formning som påminner om bokstaven V, kopplingen i avstånd mellan det som är positivt och negativt. Hon beskriver att den illustrerar hur avståndet mellan positiva och negativa influenser i en ungdoms liv kan påverka deras framtid. Ju längre avståndet blir mellan de två pelarna, desto svårare blir det för ungdomen att återhämta sig och komma tillbaka på rätt spår. Det är därför avgörande att fånga upp problem tidigt och förklara för ungdomar och deras föräldrar innebörden av detta. Genom att involvera professionella yrkesgrupper i ungdomens liv kan man förhindra att avståndet blir större.

Modellen visar hur olika faktorer påverkar ungdomens väg:

- **Fängelse**: Avståndet till fängelse ökar när negativa influenser som dåliga vänner och brist på fritidsaktiviteter dominerar.
- **Skola**: Skolan fungerar som en skyddande faktor, där bra vänner och engagemang i fritidsaktiviteter hjälper till att hålla ungdomen på rätt spår.
- **Arbete**: Investering i utbildning och framtida mål minskar risken för att ungdomen hamnar i kriminalitet.

Genom att förstå V-modellen kan föräldrar och professionella tillämpa den och skapa en stabil och trygg miljö för ungdomar, vilket minskar risken för att de hamnar i kriminalitet.

Karin säger att det inte är alltid man skickar iväg orosanmälan. Hon fortsätter:

"Om det är vaga saker kontaktar jag föräldrarna och säger: 'Vi känner oro här, ditt barn har börjat umgås med de människorna, ha lite koll.' Ibland ringer jag områdespolisen och ber dem ha koll på ungdomen. Jag rekommenderar föräldrarna att ta kontakt med andra runt ungdomen, som fotbollstränaren, Tegelhuset, fritidsgården och andra. Tegelhuset är en fritidsgård i Rosengård, Malmö, som erbjuder en mängd olika aktiviteter för ungdomar, inklusive musikstudio, dans, konst, läxhjälp och stöd för utbildning. När jag känner att föräldern inte har resurserna, kallar jag till ett nätverksmöte med stödpersoner, fritidsgården, områdespolisen och värdar i området, samt föräldrarna, för att knyta an." (Karin, skolan)

Karin säger att de också, precis som Lyftet, använder sig av Repulse-metoden: "Repulse används om jag ser att en elev har problem med impulsstyrning. Det är tio samtal men vårt uppdrag är att fånga upp eleverna och signalera till vårdnadshavare om det behövs andra myndigheter. Vår plikt är att göra allt för att eleverna ska vara trygga och klara undervisningen." (Karin, skolan)

Karin säger att de inte erbjuder några insatser själva, utan deras uppdrag är att fånga upp och signalera till exempelvis socialtjänsten, som kan bedöma om ungdomen eller familjen behöver insatser.

Mentorskap och förebilder

Mentorprogram kan vara mycket värdefulla för barn och ungdomar. Här är några tips för att hitta och engagera mentorer:

- **Vad man ska leta efter i en mentor**: Sök efter mentorer som är pålitliga, empatiska och har erfarenhet inom områden som intresserar ditt barn.
- **Etablera en mentorrelation**: Uppmuntra regelbundna möten mellan mentor och ditt barn och skapa en öppen kommunikation för att säkerställa att relationen är positiv och stödjande.

Psykologiskt stöd och välmående

För att hantera stress och främja välmående kan föräldrar och barn använda följande tekniker:

- **Mindfulness och meditation**: Praktisera mindfulness och meditation för att minska stress och öka närvaron i nuet.
- **Emotionell intelligens**: Utveckla emotionell intelligens genom att identifiera och uttrycka känslor på ett

hälsosamt sätt. Använd övningar som att skriva dagbok eller diskutera känslor öppet inom familjen.

Utvärderingsverktyg

Föräldrar kan använda självutvärderingsverktyg för att reflektera över sitt föräldraskap och identifiera områden för förbättring:

- **Självutvärdering**: Ställ frågor som "Vilka är mina styrkor som förälder?" och "Vilka områden behöver jag förbättra?" för att få en bättre förståelse för ditt föräldraskap.
- **Framstegslogg**: Dokumentera dina framsteg och reflektera över vad som fungerar och vad som behöver justeras. Använd en logg för att följa upp dina mål och framsteg över tid.

Sammanfattning kapitel 5: Föräldrastöd/ samhällsorientering – nyckeln till att bryta kriminalitet

Föräldrastöd och samhällsorientering är centrala delar i arbetet med att minska ungdomsbrottslighet och skapa ett tryggare samhälle. Genom att ge föräldrarna de verktyg de behöver för att hantera sina egna utmaningar och stödja sina barn kan vi skapa en miljö där ungdomar har bättre förutsättningar att lyckas samt undvika destruktiva beteenden. Samhällsorienteringskurser bör göras obligatoriska för alla föräldrar som kämpar med att hantera sitt föräldraskap och samhället måste fortsätta att satsa på långsiktiga insatser som stärker familjer och förebygger brott.

- **Fråga**: Vilka typer av stöd tror du skulle vara mest hjälpsamma för föräldrar i din gemenskap?
- **Reflektion**: Fundera på hur samhällsorienteringskurser kan hjälpa nyanlända föräldrar och föräldrar som har

svårt att förstå och anpassa sig till det svenska samhället. Hur kan du bidra till att dessa kurser blir mer tillgängliga?

Kapitel 6: Polisen och deras roll i kampen mot ungdomsbrottslighet

Polisen spelar en central roll i att förebygga och hantera ungdomsbrottslighet, men deras arbete är ofta komplicerat och fullt av utmaningar. För att effektivt kunna förebygga kriminalitet bland unga krävs ett nära samarbete mellan polisen och andra samhällsaktörer. Detta kapitel fokuserar på polisens arbete, deras metoder och hur de kan stärka sina insatser i kampen mot ungdomskriminalitet.

Polisens arbete i utsatta områden

I de så kallade utsatta områden har polisen en särskilt svår uppgift. Dessa områden präglas ofta av hög arbetslöshet, svag socioekonomisk status och en närvaro av kriminella nätverk som drar nytta av de sociala problemen. För polisen handlar arbetet i dessa områden inte bara om att bekämpa brott när de uppstår utan också om att bygga relationer med lokala invånarna för att skapa trygghet och förtroende.

En polis jag talade med beskrev hur viktigt det är att arbeta förebyggande genom att vara närvarande i områden där kriminaliteten är som högst. Genom att etablera kontakt med både ungdomar och deras föräldrar försöker polisen minska avståndet mellan rättssystemet och medborgarna. Detta är dock inte utan utmaningar. Många ungdomar och deras familjer har ett djupt misstroende mot polisen, vilket gör det svårt att skapa en konstruktiv dialog.

Detta misstroende förstärks av kriminalitetens starka grepp om vissa områden, där unga ofta ser kriminella som förebilder och polisen som fiende. I dessa fall är det svårt för polisen att få tillgång till information om brott och brottslingar, eftersom invånarna är rädda för repressalier från de kriminella nätverken. För att motverka denna tystnadskultur är det avgörande att polisen inte bara ingriper när brott har begåtts, utan också bygger förtroende genom närvaro och relationer.

Samarbete mellan polis och sociala myndigheter

En viktig del av polisens arbete mot ungdomskriminalitet är samarbetet med sociala myndigheter och andra samhällsaktörer. Ungdomar i riskzonen behöver mer än bara polisinsatser – de behöver ett brett socialt skyddsnät som kan hjälpa dem att bryta destruktiva mönster och skapa en positiv framtid.

I mina intervjuer med poliser och socialarbetare framkom att samarbetet mellan dessa aktörer ofta brister. Polisen jag intervjuade beskrev hur sekretesslagstiftning ibland gör det svårt att dela viktig information mellan olika myndigheter, vilket försvårar möjligheten att sätta in rätt åtgärder i tid.

Samtidigt finns det fall där begränsningen av resurser hos polisen innebär att de inte kan ingripa i tid, vilket innebär att socialtjänsten och andra aktörer måste ta ett större ansvar för att förebygga brottslighet. För att effektivisera arbetet mot ungdomsbrottslighet är det därför viktigt att skapa bättre samarbetsmodeller mellan polisen och sociala myndigheter. Genom att lyfta sekretesshinder och etablera strukturer för regelbundet informationsutbyte kan myndigheterna arbeta mer samordnat och effektivt. Polisen jag intervjuade betonade att ett starkt samarbete mellan polisen och socialtjänsten kan vara skillnaden mellan att lyckas fånga upp en ungdom i tid eller att se personen fastna i ett liv av kriminalitet.

Polisens roll som brottsförebyggare

Traditionellt sett har polisens roll varit att ingripa efter att brott har begåtts men under de senaste decennierna har det blivit allt mer tydligt att polisen också måste spela en aktiv roll i att förebygga brott. Detta kräver ett skifte från att bara vara reaktiv till att också arbeta proaktivt, särskilt när det gäller ungdomsbrottslighet.

En viktig del av polisens brottsförebyggande arbete består av att identifiera ungdomar som är i riskzonen för att hamna i kriminalitet. Genom samarbete med skolan, socialtjänsten och andra samhällsaktörer kan polisen hjälpa till att sätta in tidiga insatser som kan bryta destruktiva mönster innan de leder till brottslighet. Det kan handla om allt från att delta i mentorsprogram till fritidsaktiviteter och utbildningar som ger ungdomar ett alternativ till kriminalitet.

En polis jag intervjuade beskrev hur de i sitt arbete aktivt försökte vara närvarande vid skolor och i lokala ungdomsgårdar, för att skapa en relation till ungdomarna och identifiera riskbeteenden i ett tidigt skede. Genom att bygga upp ett förtroende mellan polisen och ungdomarna kunde de förekomma brott och ingripa innan situationer eskalerade till något allvarligare. Detta arbete är särskilt viktigt i områden där kriminaliteten är hög och där ungdomarna ofta saknar positiva förebilder.

Polisen och föräldrarna – en nödvändig allians

Föräldrarna spelar en avgörande roll i att hålla sina barn borta från kriminalitet och polisen har alltmer insett vikten av att involvera föräldrarna i brottsförebyggande arbete. Genom att skapa en allians mellan polisen och föräldrarna kan man stärka insatserna för att skydda unga från att dras in i kriminella nätverk.

En polis jag talade med beskrev hur de i sitt arbete försökte nå ut till föräldrar som var oroade över sina barns beteende. Många föräldrar i utsatta områden känner sig maktlösa inför den kriminalitet som omger dem. Polisen kan vara en viktig resurs för att ge dem det stöd och de verktyg de behöver för att hantera sina barns situation. Genom att erbjuda föräldrautbildningar och ge dem information om hur de kan samarbeta med polisen för att skydda sina barn, kan polisen bidra till att stärka familjernas motståndskraft mot kriminalitet.

Det är dock inte alltid lätt att skapa förtroende mellan polisen och föräldrar, särskilt inte i områden där många känner ett djupt misstroende mot rättsväsendet. För att övervinna dessa hinder krävs en långsiktig strategi där polisen arbetar med att bygga relationer och visar att de är där för att skydda och stödja, inte bara för att ingripa.

Långsiktiga lösningar för en starkare polisinsats

Polisens arbete med att förebygga/bekämpa ungdomsbrottslighet kräver långsiktiga lösningar och ett starkt samarbete med andra samhällsaktörer. Det handlar inte bara om att ingripa när brott begås, utan också om att vara aktiv del av ungdomarnas liv och erbjuda alternativ till kriminaliteten. Genom att arbeta proaktivt, bygga förtroende i utsatta områden och samarbeta med föräldrar och sociala myndigheter kan polisen spela en avgörande roll i att minska ungdomsbrottsligheten och skapa tryggare samhällen.

För att uppnå detta krävs också att polisen ges de resurser och verktyg som behövs för att kunna utföra sitt arbete på ett effektivt sätt. Detta innebär att vi måste investera i polisens utbildning, förbättra deras samarbetsmodeller med andra myndigheter och se till att de har tillräckligt med personal för att vara närvarande där de behövs som mest.

En viktig åtgärd är att öka utbildningen och specialiseringen inom polisen. Genom att investera i kontinuerlig utbildning för poliser, med fokus på ungdomsbrottslighet, konflikthantering och kulturell kompetens, kan vi skapa specialiserade enheter inom polisen som är dedikerade till att arbeta med ungdomar och förebyggande insatser. Förbättrat samarbete med andra myndigheter är också avgörande. Genom att etablera starka samarbetsmodeller mellan polisen, skolan, socialtjänsten och andra relevanta myndigheter kan vi skapa en helhetsbild av ungdomarnas situation och behov. Regelbundna möten och informationsutbyten säkerställer att alla aktörer arbetar mot samma mål.

Förtroendeskapande åtgärder i utsatta områden är en annan viktig del av lösningen. Genom att öka polisens närvaro i utsatta områden genom fotpatruller och lokala poliskontor kan vi bygga förtroende och relationer med invånarna, särskilt med föräldrarna.

För att erbjuda ungdomar alternativ till kriminalitet kan polisen samarbeta med lokala organisationer och företag för att erbjuda meningsfulla fritidsaktiviteter, utbildningsprogram och praktikplatser. Skapandet av mentorprogram där ungdomar kan få stöd och vägledning från positiva förebilder inom samhället är också en effektiv åtgärd.

Resursförstärkning är en annan nyckelfaktor. Det är viktigt att säkerställa att polisen har tillräckligt med personal och resurser för att kunna vara närvarande och agera snabbt när det behövs. Investeringar i modern teknik och utrustning, som drönare och övervakningskameror, kan också underlätta polisens arbete och öka dess effektivitet. Drönare kan användas för att övervaka stora områden och snabbt reagera på incidenter, medan övervakningskameror kan bidra till att avskräcka från brott, liksom till att samla bevis.

Genom dessa åtgärder kan vi skapa en starkare och mer effektiv polisinsats som inte bara bekämpar ungdomsbrottslighet, utan också förebygger den genom att erbjuda ungdomar positiva alternativ och stöd. Detta kommer att bidra till att skapa tryggare och mer sammanhållet samhälle.

Sammanfattning Kapitel 6: Polisen och deras roll i kampen mot ungdomsbrottslighet

Polisen spelar en central roll i arbetet med att förebygga och bekämpa ungdomsbrottslighet men deras arbete måste ske i nära samarbete med andra samhällsaktörer. Genom att vara närvarande i utsatta områden, bygga relationer med både ungdomar och föräldrar och arbeta proaktivt kan polisen bidra till att minska kriminaliteten och skapa tryggare samhällen.

Men detta arbete kräver långsiktiga lösningar och en investering i polisens resurser och samarbetsstrukturer. Endast genom ett starkt samarbete mellan polis, socialtjänst, skola och föräldrar kan vi bygga ett samhälle där ungdomar har bättre alternativ än kriminalitet och där samhällets grundpelare skyddas från de hot som brottsligheten utgör.

- **Fråga**: Hur kan polisen och övriga samhället arbeta tillsammans för att skapa en tryggare miljö för ungdomar?
- **Reflektion**: Tänk på en gång när du har sett polisen arbeta i ditt område. Vad gjorde de som var särskilt effektivt och vad kunde ha förbättrats?

Kapitel 7: Sekretess, samverkan och samhällets trygghet

Samhällets förmåga att förebygga och hantera ungdomsbrottslighet är starkt beroende av att olika samhällsaktörer som skola, socialtjänst och polis kan samarbeta effektivt. En av de största utmaningarna i arbetet med att förebygga kriminalitet är sekretesslagarna, såsom Offentlighets- och sekretesslagen (2009:400) som ofta hindrar informationsutbyte mellan myndigheter (Regeringen, 2021). Dessa lagar är utformade för att skydda individens integritet men de kan också skapa hinder för effektivt samarbete mellan myndigheter (Regeringen, 2021). Offentlighets- och sekretesslagen (OSL) reglerar hur myndigheter ska hantera sekretess och offentlighet. Lagen syftar till att skydda enskildas integritet samtidigt som den ska främja öppenhet och insyn i offentlig verksamhet (Regeringen, 2021). En av de största utmaningarna med lagstiftningen är att den ofta hindrar informationsutbyte mellan olika myndigheter, vilket kan försvåra samverkan i arbetet med att förebygga kriminalitet.

Sekretesslagarnas hinder för samarbete

Sekretesslagarna i Sverige är utformade 1982 för att skydda individens integritet vilket är ett viktigt syfte – men i vissa fall kan dessa regler alltså skapa hinder för ett bra samarbete mellan myndigheter och samhällsaktörer. Ett konkret exempel är när skola, socialtjänst eller polis har information om en ungdom som befinner sig i riskzonen men på grund av sekretess inte kan dela den informationen med varandra. Detta försvårar arbetet med att skapa en helhetsbild av ungdomens situation och riskfaktorer, vilket i sin tur gör det svårare att sätta in rätt åtgärder i tid.

Under mina intervjuer med socialarbetare och polis diskuterades hur sekretesslagarna ofta sätter käppar i hjulet för deras arbete. Kuratorn beskrev hur svårt det kan vara att få till ett effektivt samarbete med skolan när viktiga detaljer om en ungdoms hemförhållande inte får delas. Polisen å andra sidan beskrev hur de ofta hamnar i situationer där de har information om ungdomars inblandning i kriminella aktiviteter men inte kan dela den med socialtjänsten eller skolan för att påbörja ett förebyggande arbete.

Vikten av att lyfta sekretess för samhällets bästa

Det är avgörande att vi omvärderar hur sekretessreglerna är utformade när det handlar om att skydda samhället och unga individer som är i riskzonen. I många fall kan det vara viktigt att olika myndigheter får dela information med varandra, för att förebygga allvarliga brott och skydda unga från att hamna i kriminella kretsar. Genom att skapa ett bättre samarbetsklimat och minska de hinder som sekretesslagen ibland utgör, kan vi öka möjligheterna att identifiera och hjälpa ungdomar i tid.

En polis jag talade med beskrev hur brottsbekämpningen skulle kunna bli betydligt effektivare om information delades snabbare och mer fritt mellan de olika aktörerna. I dagsläget är det vanligt att viktiga detaljer om en ungdoms inblandning i kriminella nätverk inte når rätt instans förrän det är för sent. Genom att reformera sekretesslagarna skulle vi kunna stärka brottsbekämpningen och minska antalet unga som rekryteras till kriminella nätverk.

Konsekvenser av sekretess

Sekretesslagarna kan leda till att viktig information om ungdomens situation inte delas mellan skola, socialtjänst och polis. Detta kan innebära att insatser sätts in för sent eller att de inte är tillräckligt samordnade för att vara effektiva (BRÅ, 2025). Ett exempel är när en ungdom är inblandad i kriminella aktiviteter men skolan inte får veta detta på grund av sekretess. Skolan kan då inte sätta in de stödåtgärder som behövs för att hjälpa ungdomen (BRÅ, 2025).

Samverkan mellan myndigheter: Nyckeln till framgång

För att effektivt förebygga kriminalitet krävs ett starkt samarbete mellan skola, socialtjänst, polis och andra aktörer. Det räcker inte att varje instans arbetar isolerat – genom samordnat arbete kan vi fånga upp ungdomar i riskzonen och sätta in rätt åtgärder i tid.

En av de mest framgångsrika metoderna som jag såg under min tid som handledare för ungdomar var när polisen, skolan och socialtjänsten tillsammans arbetade för att skapa en individuell handlingsplan för ungdomar i riskzonen. Genom att dela information och samarbeta på ett strukturerat sätt kunde vi ofta hjälpa ungdomar att bryta destruktiva beteenden och i stället fokusera på sin utbildning och framtid.

Föräldrarna som en del av samverkan

Föräldrarna spelar en avgörande roll i att förhindra att deras barn hamnar i kriminalitet, de måste också inkluderas i samarbetsprocessen mellan olika samhällsaktörer. Ofta är föräldrarna inte medvetna om vad som pågår i deras barns liv utanför hemmet, eller så vet de inte hur de ska hantera situationer där deras barn börjar umgås i fel kretsar.

Genom att involvera föräldrar i samarbetet mellan skola, socialtjänst och polis kan vi ge dem de verktyg de behöver för att hantera dessa utmaningar. Detta kan inkludera att föräldrarna får information om vilka varningstecken de bör vara uppmärksamma på, samt vilka resurser som finns tillgängliga för att hjälpa dem hantera sina barns beteende. Under min tid som arbetsmarknadssekreterare och handledare såg jag hur viktigt det är att föräldrarna blir en del av processen när vi hjälper ungdomar att bryta destruktiva mönster.

Ett konkret exempel är en familj jag arbetade med där föräldrarna inte visste att deras tonåring hade börjat umgås med äldre kriminella. Genom att involvera föräldrarna i samarbetet mellan socialtjänst, skola och polis kunde vi snabbt informera om situationen och erbjuda stöd och vägledning. Föräldrarna blev då aktiva deltagare i processen att hjälpa sitt barn och kunde sätta upp tydligare gränser hemma, vilket bidrog till att tonåringen drog sig ur den kriminella miljön.

Framtiden för samverkan och sekretess

Framtiden för brottsförebyggande arbete bör innebära en omvärdering av lagstiftningen och hur sekretessreglerna tillämpas och hur olika samhällsaktörer samarbetar. Genom att lyfta vissa sekretesshinder och skapa bättre möjligheter för informationsutbyte kan vi skapa ett starkare skyddsnät för ungdomar i riskzonen. Samtidigt måste vi inkludera föräldrarna i processen och ge dem de verktyg och det stöd de behöver för att kunna agera för sina barns bästa.

Sekretess ska inte stå i vägen för att skydda samhället eller ungdomar som är på väg in i brottslighet. Genom att reformera sekretesslagarna och förbättra samarbetet mellan skola, socialtjänst, polis och föräldrar kan vi minska ungdomsbrottsligheten och skapa en tryggare framtid för alla.

Samtliga intervjupersoner lägger vikt vid att samverkan och dess påverkan på arbetet med ungdomsbrottslighet. För att samverkan ska fungera måste dessa myndigheter prata och underlätta varandras arbete och släppa ”prestigen” och tänka utifrån ungdomens bästa. Det finns saker som fungerar bra och andra de menar bör fungera på ett annat eller bättre sätt.

Johan från Lyftet menar att samverkan mellan skolan och polisen fungerar bra även om det finns enskilda poliser som kan vara riktigt otrevliga och oprofessionella i deras bemötande mot hans verksamhet och även mot ungdomar, vilket kan leda till att de förstör ett långsiktigt arbete de har lagt på ungdomen för att de ska tro på sig själva, på samhället och dess rättssystem.

Jenny från polisen belyser att samhället har stora problem när myndigheterna inte pratar med varandra och att vara delaktig i varandras jobb och uppdrag för att hjälpa varandra men framför allt hjälpa medborgare. Hon utvecklar:

”Det här är stora problemet, att myndigheter inte pratar med varandra. Jag tänker bara på det här med folkbokföringsbrott som man nu ska försöka angripa. Jag tänker att där har man i alla fall insett det. Alltså man har satt upp en grupp här i Malmö med olika myndigheter, där vi är inte med i den gruppen. Det är också så, hur kan det komma sig? Alltså hur kan inte vi vara en spelare i laget liksom? Vi måste vara bättre på det här.” (Jenny, polisen)

För polisen är samverkan ett bra och effektivt sätt att kunna förebygga och bekämpa ungdomsbrottslighet och hon menar att samverkan kan ses som den insats de har:

”Polisen erbjuder inte några insatser. Men däremot så samverkar vi väldigt nära med socialtjänsten, så att vi har ju var tredje vecka och är i skolorna hela tiden just för att kunna bygga relationer med ungdomar” (Jenny, polisen).

Polisen har en ganska begränsad roll i det förebyggande arbetet och den viktigaste kanalen för det är just samverkan, för det är då de sitter tillsammans och uttrycker oro för ungdomen och börjar lära känna honom, att de jobbar med legitimitet. Så beskriver polisen Jenny det.

Polisen Jenny avslutar med att tillämpningen i sekretesslagen från socialtjänstens sida har försvårat deras arbete och inte kunnat få den effekten de önskat sig, då det hade underlättat om de kunde ta del av ungdomens journal för att veta hur de ska kunna jobba med honom i ett tidigt skede, ”vi spelar i samma lag, som har samma mål som socialtjänsten” säger hon.

Enligt Karin från skolan är det samverkan som är den mest avgörande faktorn för ungdomsbrottslighet. Just för att det är då den fångas upp, då påbörjas arbeten från olika myndigheter att tillsammans ta ett steg ut i form av exempelvis motivationsarbete där de måste få med föräldrarna. Man ska inte heller glömma, utöver samverkan, att det ligger större kvar krav på föräldrarna krav på föräldraskap. Karin menar att det är många fler som har en avgörande roll i ungdomens liv än just skolan, polisen och socialtjänsten exempelvis men även fritidsgård, fotbollstränare och idrottsföreningar.

Karin pratar precis som polisen om att de spelar i samma lag och med samma mål. Ändå försvåras deras arbete av just kollegor från andra myndigheter. Karin fortsätter:

”Socialtjänstlagen är en ramlag och vår uppgift är att hitta kryphålen och använda dem till barn och ungdomars bästa. Vi kan bryta sekretess om det behövs, genom att be om samtycke eller se om det är möjligt att bryta den för barnets bästa. Engagerade vuxna med mod krävs också.” (Karin, skolan)

När det gäller samverkan med polisen och fritidsgården tycker hon att den fungerar bra men att det brister med socialtjänsten:

”Jag är otroligt tacksam för samarbetet med polisen. Vi har en relation där vi vågar göra det som krävs för ungdomens bästa. Jag har också ett liknande samarbete med fritidsgården. Men det är stora brister på samverkan med socialtjänsten. Jag tycker att socialtjänsten utövar myndighetsövning gentemot andra myndigheter.” (Karin, skolan). Karin menar om socialtjänsten bedömer att det är integritetsingripande att få den begärda informationen om ungdomen så är det verkligen ett ”farligt synsätt”. Karin fortsätter:

”Om det finns ett syfte med att berätta något, tycker jag man ska göra det. Jag behöver inte veta all information, som föräldrarnas inkomst men om ett barn riskerar att fara illa, måste vi ha kännedom om det. Om vi inte vet något, kan vi inte fånga upp det. Socialtjänsten gör utredningar och erbjuder hjälp och stöd men vi på golvet behöver informationen mest, eftersom vi bemöter ungdomarna dagligen.” (Karin, skolan)

Matilda från socialtjänsten menar att skolan och polisen har olika roller och att det därför är förståeligt att det kan förekomma missnöje sinsemellan. Matilda upplever att de har kommit väldigt långt med polisen, medan med skolan “behöver vi jobba mer tillsammans”. Matilda fortsätter:

"Polisen och socialtjänsten har haft många samtal om detta, där vi behöver informera varandra om våra olika roller. Det största bekymret i vår samverkan är att vi inte fullt ut känner till varandras befogenheter och arbetsuppgifter. Vad har vi för roll och funktion? Hur mycket kan vi göra? Detta är det största problemet och vi arbetar mycket med detta i olika samverkansformer med både polis och skola. Om vi inte vet vad vi har för roller, kan vi inte samarbeta bäst. Tyvärr finns det många föreställningar om vad vi ska göra och kan göra, som inte alltid stämmer med verkligheten. Vi måste först grundläggande informera varandra om våra roller, rättigheter och skyldigheter." (Matilda, socialtjänsten)

När det gäller sekretess menar intervjupersonen från socialtjänsten att de inte ser behovet av att andra myndigheter ska få ta del av all information som finns om ungdomen, för där har de information som inte är relevant för skolan eller polisen: "…jag tänker att vi måste skydda våra klienter. I vårt journalsystem och våra utredningar, där finns jättemycket information som jag faktiskt tänker att skolan inte ska veta. Det har inte de med att göra. Och likadant med polisen. Man får inte glömma att när man blir aktuell på socialtjänsten, så är det oerhört integritetsingripande och det är viktigt att respektera och vara väldigt försiktig med det så klart." (Matilda, socialtjänsten)

Trots att alla intervjupersoner var positiva till samverkan, uttryckte både företrädare för polisen och skolan missnöje med hur socialtjänsten hanterade samverkan, främst på grund av sekretesslagstiftningen – vilket ansågs vara ett hinder för effektiv samverkan. Intervjupersonerna från polisen och skolan föreslog att sekretesslagen ses över för att möjliggöra ett bättre informationsutbyte mellan myndigheterna.

Verksamheter inom välfärden har blivit splittrade på grund av ökad professionalisering/specialisering. Myndigheterna kritiseras för denna splittring och bristande helhetssyn, vilket leder till att individer hamnar i en gråzon mellan olika myndigheters ansvarsområden. För att möta individens behov och förhindra att de "faller mellan stolarna" krävs samverkan. Samverkan ses ofta som positivt och önskvärt, då det ger bättre möjligheter att arbeta tillsammans och effektivare genom att utnyttja kompetens från olika verksamheter. För aktörerna är det viktigt att vara engagerade och förstå varandras roller, samt att arbeta mot gemensamma mål. Detta skapar en allians mellan professionella yrkesutövare i samhället och ungdomar. För att lyckas med samverkan krävs tydliga och gemensamma mål som inte kommer i konflikt med varandra. Bristande kunskap om varandras verksamheter och om samverkan, kan leda till svårigheter och misslyckad samverkan (Germundsson, 2011).

Forskning av Germundsson (2011) visar att samverkan är nödvändig för att möta individens behov och förhindra att den hamnar "mellan stolarna". Det är därför viktigt att vara engagerad och förstå varandras roller när man arbetar mot gemensamma mål. Regeringen har, som nämnts i inledningen, tagit fram ett program med 34 förslag för att bekämpa kriminella gäng, varav 11 punkter handlar om ungdomar, rekryteringar och skjutningar. Punkt 29 betonar vikten av att socialtjänsten kan ingripa tidigt, medan punkt 32 fokuserar på samverkan mellan polis, skola och socialtjänst för att samordna insatser för ungdomar i utsatta områden. Mina intervjupersoner från polisen och skolan anser att sekretesslagen bör ses över för att möjliggöra smidigare samverkan mellan myndigheter.

Allan som är f. d. kriminell uttrycker frustration över bristen på samverkan mellan olika myndigheter. "Det är frustrerande att behöva upprepa min situation och mina problem för flera olika myndigheter"

Han beskriver hur varje myndighet ger olika svar, vilket leder till att man faller mellan stolarna. "Myndigheterna har ingen kännedom om barnens historik eller koll på varandras utredningar och insatser," menar han. Allan föreslår att det skulle vara fördelaktigt med ett gemensamt system där myndigheterna kan kommunicera och hålla sig uppdaterade om barnens och ungdomarnas situation. "Om en uppgift matas in på ett ställe, bör den automatiskt uppdateras på alla relevanta platser," säger Allan. Han påpekar att det i dag saknas en naturlig koppling mellan myndigheterna.

Förslag på förbättringar

För att förbättra samverkan mellan myndigheter och samtidigt skydda individens integritet kan följande åtgärder övervägas:

- Sekretessgenombrott: Införa regler som möjliggör sekretessgenombrott i särskilda fall där det är nödvändigt för att skydda individens eller andras säkerhet. Sekretessgenombrott innebär att sekretessbelagda uppgifter kan delas mellan myndigheter eller med enskilda aktörer när det är nödvändigt för att hantera en situation som innebär risk för säkerheten. Detta kan till exempel vara relevant vid teknisk bearbetning eller lagring av uppgifter, där sekretessbelagda uppgifter behöver delas för att säkerställa en effektiv och säker hantering (Regeringen, 2021).

- Tydligare riktlinjer: Utveckla tydligare riktlinjer för när och hur information kan delas mellan myndigheter (Regeringen, 2021).
- Utbildning: Erbjuda utbildning till personal inom skola, socialtjänst och polis om hur sekretesslagarna ska tillämpas och hur samverkan kan förbättras inom ramen för befintlig lag (Regeringen, 2021).

Genom att göra dessa förändringar kan vi skapa en bättre balans mellan att skydda individens integritet och samtidigt möjliggöra effektivt samarbete för att förebygga kriminalitet.

Wikström (2025) skriver att samverkan inte är en brottsförebyggande åtgärd i sig. För att utveckla en effektiv lokal brottsprevention är det centralt att fråga sig vem som kan bidra med vad både enskilt och tillsammans med andra aktörer och framför allt varför. Det är även viktigt att förstå att samverkan inte automatiskt förebygger brott. I bästa fall kan den fungera som en modell för att bättre organisera en effektiv lokal brottsprevention men detta förutsätter att man först har en klar bild av vad som ska påverkas. Utifrån den insikten kan man sedan fråga sig vem som kan göra vad, antingen enskilt eller i samverkan med andra. Om man inte har klart för sig vad som ska påverkas – alltså brottslighetens orsaker – riskerar samverkan att bara leda till en möteskultur där framgång mäts i antal möten, avtal och kontakter-

Fallstudier och framgångshistorier

Exempel på familjer som har övervunnit utmaningar kan vara mycket inspirerande och ge värdefulla insikter i hur olika metoder och insatser kan göra verklig skillnad. Här är några fallstudier som illustrerar hur stöd och vägledning, genom samverkan mellan olika samhällsaktörer, kan leda till positiva förändringar i familjers liv:

Familj A: En ensamstående mammas resa mot förbättring

Bakgrund: Familj A består av en ensamstående mamma, Maria och hennes två barn, Jenny och Lucas. Maria kämpade med ekonomiska svårigheter och hade svårt att balansera arbete och föräldraskap. Hennes barn hade problem i skolan, både med prestationer och beteende.

Insatser: Genom samverkan mellan skolan, socialtjänsten och ekonomiska rådgivningen kunde Maria få det stöd hon behövde. Skolan uppmärksammade barnens problem och tipsade Maria om en föräldrautbildning. Socialtjänsten erbjöd ekonomisk rådgivning för att hjälpa Maria skapa en stabil ekonomisk situation. Föräldrautbildningen gav henne verktyg för att bättre förstå och hantera sina barns behov.

Resultat: Efter att ha deltagit i föräldrautbildningen och fått ekonomisk rådgivning märkte Maria en betydande förbättring i sina barns skolresultat och beteende. Jenny och Lucas blev mer engagerade i skolan och deras beteende förbättrades avsevärt. Maria kände sig också mer självsäker i sin roll som förälder och kunde ge sina barn den stabilitet och stöd de behövde. Detta visar hur samverkan mellan olika samhällsaktörer kan leda till positiva förändringar i familjers liv.

Familj B: Ett pars framgång genom samhällsorientering

Bakgrund: Familj B består av ett par, Mona och Eyad och deras tre barn. Mona och Eyad hade nyligen invandrat till Sverige och kämpade med att förstå det svenska skolsystemet och hur de bäst kunde stödja sina barns utbildning.

Insatser: Genom samverkan mellan skolan och samhällsorienteringskurser kunde Mona och Eyad få den vägledning de behövde. Skolan uppmärksammade deras behov och tipsade dem om samhällsorienteringskurser som gav dem en djupare förståelse för det svenska samhället, inklusive skolsystemet. De lärde sig om sina rättigheter och skyldigheter som föräldrar och fick praktiska verktyg för att stödja sina barns skolgång.

Resultat: Efter att ha deltagit i samhällsorienteringskurserna blev Mona och Eyad mer engagerade i sina barns utbildning. De började delta i föräldramöten, kommunicerade regelbundet med lärarna och hjälpte sina barn med läxor. Detta ledde till ökat engagemang och bättre relationer inom familjen. Barnens skolresultat förbättrades och de kände sig mer stöttade av sina föräldrar. Detta visar hur samverkan mellan olika samhällsaktörer kan leda till positiva förändringar i familjers liv.

Sammanfattning kapitel 7: Sekretess, samverkan och samhällets trygghet

Samarbete och informationsutbyte är centralt i arbetet med att förebygga kriminalitet. Dagens utformning av sekretesslagarna, även om de i grunden har ett gott syfte med integritetsaspekten, kan ibland stå i vägen för ett effektivt samarbete mellan skola, socialtjänst, polis och andra samhällsaktörer. För att vi ska kunna hjälpa ungdomar i tid, skapa ett starkt skyddsnät för dem måste vi omvärdera hur sekretesslagarna utformas och tillämpas och se till att informationsutbytet mellan myndigheterna förbättras.

Samtidigt måste föräldrarna inkluderas i processen och bli en aktiv del av samverkan. Genom att involvera föräldrarna och ge dem de verktyg de behöver för att stötta sina barn kan vi skapa en samlad front mot ungdomsbrottslighet och bygga ett starkare samhälle.

- **Fråga**: Hur kan sekretesslagar balanseras för att skydda individens integritet samtidigt som de möjliggör effektivt samarbete mellan myndigheter?
- **Reflektion**: Reflektera över en situation där sekretess har hindrat effektivt samarbete. Vad kunde ha gjorts annorlunda?

Kapitel 8: Fängelser, straff och kriminalvården

Fängelsestraff och dess syften

Fängelsestraff är viktiga i rättssystemet och fyller flera syften. De skyddar samhället genom att isolera farliga individer och förhindrar dem från att begå fler brott. Fängelsestraff fungerar också avskräckande, både för den dömda och för andra som överväger att begå brott. För det andra fungerar fängelsestraff avskräckande, både för den dömda individen och för andra som överväger att begå brott. Genom att visa att brottsliga handlingar leder till allvarliga konsekvenser, minskar risken för att begå brott. För det tredje är fängelsestraff en möjlighet till rehabilitering. Genom utbildning, terapi och andra stödåtgärder kan brottslingar få hjälp att förändra sina beteenden – återintegreras i samhället som laglydiga medborgare.

När samhällets dörrar stängs efter ett straff, är det ofta familjen som står kvar. Deras stöd kan vara det enda som hindrar återfall. För den som vill börja om är känslan av att höra till – att vara älskad och behövd – minst lika viktig som jobb eller boende. Däremot fungerar inte alla familjer som skyddsnät – utan ibland är de en del av risken. I familjer där kriminalitet normaliserats eller där lojalitet står över laglydnad blir återanpassning särskilt svårt. Här krävs modiga insatser från både individ och myndigheter – och ibland även att den egna släkten gör ett avståndstagande.

Svensk lagstiftning kring straff och fängelser har utvecklats över tid (Westfelt, 2015).

I Brottsbalken (1962:700) är straffen för olika brott specificerade men det finns en växande debatt om huruvida dessa straff är avskräckande (Bindler&Hjalmarsson,2022). Brottsbalken är den centrala strafflagen i Sverige och innehåller bestämmelser om vilka handlingar som är straffbara och vilka straff som kan utdömas. Lagen har reviderats flera gånger för att anpassas till förändringar i samhället och nya typer av brott (Sveriges riksdag, 2025).

Utveckling av straff över tid

Under de senaste decennierna har det skett en förskjutning mot att betona rehabilitering/återanpassning av brottslingar, snarare än enbart bestraffning. Detta har lett till att straffen för vissa brott har blivit mildare, vilket har väckt kritik från de som menar att straffen inte är tillräckligt avskräckande (Sjödahl, 2015; Albertsdóttir, 2024).

Behov av strängare straff

För att minska återfallsfrekvensen och göra straffen mer effektiva kan det vara nödvändigt att införa strängare straff för allvarliga brott, särskilt våldsbrott och brott som kan kopplas till gängkriminalitet. Detta kan inkludera längre fängelsestraff och hårdare påföljder för återfallsförbrytare (Hjalmarsson, 2024).

Exempel på straffskärpningar

- Våldsbrott: Införa minimistraff för grova våldsbrott för att säkerställa att de som begår dessa brott får kännbara straff.
- Gängkriminalitet: Skärpa straffen för gängrelaterade brott.

- Återfallsförbrytare: Införa hårdare straff för återfallsförbrytare för att minska risken för att de begår nya brott (SNS, 2024).

Genom att införa dessa förändringar kan vi skapa ett rättssystem som är både avskräckande och rättvist och som bättre skyddar samhället från farliga individer (Hjalmarsson, 2024)

Michel Foucaults teori om övervakning och straff

Michel Foucaults (2012) teori om övervakning och straff går ut på straffets utveckling från fysiska kroppsliga straff till fängelsestraff som riktas mot själen. Fängelset används inte bara för att straffa, utan också för att omvandla och disciplinera individen. Foucault beskriver hur fängelser inte minskar kriminaliteten, utan snarare leder till återfall. Fängelser skapar även social miljö som uppmuntrar brottsliga sammansvärjningar.

Foucaults resonemang är både deskriptiva och normativa. Han beskriver hur fängelsesystemet fungerar och vilka effekter det har (deskriptivt), samtidigt som han kritiserar dessa effekter och föreslår att de leder till negativa konsekvenser (normativt).

Foucault fokuserar på tre huvudsakliga principer:

Isolering: Fångar isoleras från yttervärlden och varandra för att förhindra sammansvärjningar och främja individuell reflektion kring sina handlingar och konsekvenser. Isoleringen ska leda till eftertanke och ånger hos fången.

Arbete som disciplin: Arbetet i fängelset syftar till att disciplinera fången. Genom regelbundet arbete ska fången formas till en bättre individ och anpassa sig till samhällets strukturer. Foucault menar att arbete i fängelset främst etablerar ett maktförhållande, där arbetet fungerar som ett schema för underkastelse snarare än ekonomisk produktion.

Straffets anpassning: Fängelset har blivit en institution med större inflytande över straffens längd och utformning. Straffets tidsutsträckning bör ses som en del av en korrektionsprocess, där fokus ligger på fångens rehabilitering snarare än straffets varaktighet (Foucault, 2012).

Jeremy Benthams panoptikon

Jeremy Bentham (1995) utvecklade det teoretiska konceptet panoptikon, en typ av fängelsebyggnad som möjliggör konstant övervakning av fångarna utan att de vet om de övervakas vid varje given tidpunkt. Detta skapar en känsla av ständig övervakning och disciplin, vilket enligt Bentham skulle leda till att fångarna internaliserar övervakningen och reglerna och därmed förändrar sitt beteende.

Panoptikonet är utformat som en cirkulär byggnad med ett centralt övervakningstorn. Fångarnas celler är arrangerade runt den yttre väggen och varje cell har en öppning mot tornet. Från tornet kan övervakaren se in i varje cell när som helst men fångarna kan inte se övervakaren. Bentham menade att denna osäkerhet skulle leda till att fångarna alltid beter sig som om de övervakas, vilket skulle främja självdisciplin och ordning (Bentham, 1995).

Bentham argumenterade för att panoptikonet skulle ha flera fördelar;

Moraliskt reformerade fångar: Genom konstant övervakning skulle fångarna ändra sitt beteende och bli mer disciplinerade.

Hälsa bevarad: Den centrala övervakningen skulle också möjliggöra bättre kontroll över fångarnas hälsa och hygien.

Industriell effektivitet: Fångarna skulle arbeta hårt för att undvika bestraffning, vilket skulle öka produktiviteten.

Ekonomisk besparing: Panoptikonet skulle vara kostnadseffektivt eftersom det kräver färre övervakare.

Offentlig insyn: Bentham föreslog att både fångarna och övervakaren skulle vara föremål för offentlig insyn, vilket skulle säkerställa att övervakningen är human och rättvis (Bentham, 1995).

Trots de potentiella fördelarna har panoptikonet kritiserats för att vara en symbol för överdriven kontroll och övervakning. Kritiker menar att den konstanta övervakningen kan vara psykiskt påfrestande för fångarna och att det skapar en känsla av att alltid vara bevakad, vilket kan vara skadligt för deras mentala hälsa.

Även om Bentham aldrig lyckades bygga ett panoptikon enligt sina exakta specifikationer, har konceptet haft stort inflytande på designen av moderna fängelser och andra institutioner. Idén om konstant övervakning och självdisciplin har använts i många sammanhang, inklusive skolor, sjukhus och arbetsplatser.

Sambandet mellan Bentham och Foucault

Foucault använder Benthams panoptikon som en metafor för att beskriva hur övervakning och disciplin fungerar i moderna samhällen. Enligt Foucault är panoptikon en symbol för den typ av maktutövning som genomsyrar många institutioner, inklusive fängelser, skolor, sjukhus och fabriker. Han menar att denna typ av övervakning och disciplin inte bara handlar om att kontrollera kroppar, utan också om att forma själar och beteenden (Foucault, 2012).

Foucaults analys bygger vidare på Benthams idé om att konstant övervakning leder till självdisciplinering. Han argumenterar för att denna form av maktutövning är en central del av moderna samhällen och att den används för att skapa lydiga och produktiva medborgare. Genom att kombinera Benthams och Foucaults teorier får vi en djupare förståelse för hur övervakning och disciplin fungerar, både inom fängelsesystemet och i samhället i stort (Foucault, 2012).

Rehabilitering och återfallsprevention

Rehabilitering är en central del av Kriminalvårdens uppdrag. Många brottslingar som hamnar i fängelse har stora behov av stöd och hjälp för att kunna förändra sina liv. Kriminalvården har därför ett ansvar att inte bara hålla dessa individer borta från samhället under deras strafftid, utan också att ge dem de verktyg för att kunna återvända till samhället som produktiva medborgare.

Rehabiliteringsprogram kan inkludera utbildning, yrkesträning, terapi och socialt stöd. Forskning visar att effektiva rehabiliteringsprogram kan minska återfallsfrekvensen och hjälpa brottslingar att bygga ett nytt liv utanför kriminaliteten.

Kritiska perspektiv på fängelsesystemet

Det finns också kritiska perspektiv på fängelsesystemet som ifrågasätter dess effektivitet och rättvisa. Kritiker menar att fängelser ofta fungerar som "brottsskolor" där brottslingar lär sig nya kriminella färdigheter och knyter kontakter med andra kriminella. Dessutom pekar kritiker på att fängelsesystemet ofta är ojämlikt och drabbar vissa grupper i samhället hårdare än andra, till exempel personer med låg socioekonomisk status och minoritetsgrupper. Dessa kritiska perspektiv betonar behovet av att reformera fängelsesystemet och hitta alternativa straff och rehabiliteringsmetoder som är mer rättvisa och effektiva.

Alternativa straff och rehabiliteringsmetoder

För att minska belastningen på fängelsesystemet och förbättra rehabiliteringen av brottslingar, kan alternativa straff och rehabiliteringsmetoder övervägas. Exempel på sådana metoder inkluderar samhällstjänst, elektronisk övervakning, drog- och alkoholrehabilitering och restorative justice-program. Restorative justice fokuserar på att reparera skadan som brottet har orsakat genom att involvera både brottsoffer och gärningsman i en process av dialog och försoning. Dessa alternativa metoder kan vara mer effektiva än traditionella fängelsestraff när det gäller att minska återfall och främja social integration.

Kriminalvården i Sverige

Kriminalvården i Sverige är en statlig myndighet som ansvarar för häkten, fängelser och frivård. Myndigheten arbetar för att göra samhället säkrare och tryggare genom att minska återfall i brott. Kriminalvården ska ha ett humanistiskt synsätt och värna klienternas integritet och rättssäkerhet. Den som avtjänar ett straff ska göra det på ett säkert sätt och ska inte kunna begå brott under sin tid inom Kriminalvården.

Kriminalvården i Sverige tillämpar flera metoder och principer som kan kopplas till teorierna från Michel Foucault och Jeremy Bentham:

Övervakning och säkerhet: Precis som i Benthams panoptikon, används övervakning för att säkerställa ordning och säkerhet inom fängelserna. Detta inkluderar både fysisk övervakning och teknologiska lösningar som kameror och elektronisk övervakning.

Rehabilitering och arbete: Foucaults idé om arbete som disciplin är tydlig i Kriminalvårdens rehabiliteringsprogram. Fångar erbjuds utbildning och yrkesträning för att förbereda dem för ett liv utanför fängelset. Detta arbete syftar till att disciplinera och omvandla individen till en produktiv medlem av samhället.

Isolering och reflektion: Foucaults princip om isolering används för att främja individuell reflektion och ånger. Fångar isoleras från yttervärlden och ibland från varandra för att förhindra sammansvärjningar och främja personlig utveckling.

Individuell behandling: Varje intagen får en individuell plan som utformas utifrån deras specifika behov och förutsättningar. Detta inkluderar både psykologiskt och socialt stöd, vilket är i linje med Michel Foucaults idéer om individuell reflektion och omvandling.

Strukturerad vardag: Fångarna deltar i arbete och utbildning som en del av deras dagliga rutiner. Detta arbete syftar till att disciplinera och förbereda dem för ett liv utanför fängelset, vilket reflekterar Foucaults idéer om arbete som disciplin.

När vi talar om kriminalitet/straff är fängelse en av de mest omdiskuterade och centrala aspekterna av samhällets reaktion på brott. Fängelsestraff fyller flera syften: Att skydda samhället från farliga individer, att avskräcka andra från att begå brott och att ge brottslingar en möjlighet till rehabilitering. Men hur väl lyckas fängelsesystemet uppfylla dessa syften och vad är samhällets ansvar gentemot både brottslingar och brottsoffer?

Ett av de mest centrala argumenten för fängelsestraff är att det fungerar som en avskräckning för andra individer som överväger att begå brott. Genom att utdöma stränga straff kan samhället visa att brottsliga handlingar får allvarliga konsekvenser. Detta kan vara särskilt viktigt i ungdomsvärlden, där många unga lockas in i kriminalitet av gäng och andra destruktiva miljöer.

Men samtidigt som fängelse fungerar som avskräckning, är det också tänkt att fungera som en plats för rehabilitering. Många som hamnar i fängelse har stora behov av stöd och hjälp för att kunna förändra sina liv. Kriminalvården har därför ett ansvar att inte bara hålla dessa individer borta från övriga samhället under deras strafftid, utan också att ge dem de verktyg de behöver för att kunna återvända till samhället som produktiva medborgare.

Men här uppstår en konflikt. Många brottsoffer upplever att fängelse är för "lätt" och att för mycket fokus läggs på att rehabilitera brottslingar snarare än att straffa dem för de handlingar de har begått. Detta leder till en känsla av orättvisa hos många brottsoffer, som ofta känner att deras lidande ignoreras, medan – är deras upplevelse – de som har orsakat deras smärta får vård och rehabilitering.

Kriminalvården och samhällets ansvar

Kriminalvården spelar en central roll i att hantera individer som har begått brott men den bredare diskussionen om kriminalitet måste också handla om hur samhället som helhet ser på förebyggande insatser. Ett samhälle som inte tar itu med orsakerna till kriminalitet, som bristande föräldrastöd, brist på moral samt svaga sociala band, riskerar att se en fortsatt ökning av ungdomsbrottslighet. Samhällets ansvar ligger inte i att straffa brottslingar utan också i att förebygga att individer hamnar i brottslighet från början.

Kriminalvården har två viktiga uppdrag: att skydda samhället från farliga individer och att rehabilitera brottslingar för att minska risken för återfall. Det är en ständig balansgång mellan säkerhet och rehabilitering. Trots deras ansträngningar har många som hamnar där redan haft en lång historia av bristande stöd och vägledning, särskilt under barndomen och ungdomsåren

I mina intervjuer med socialtjänsten, skolan och polisen framkom att många av de ungdomar som senare hamnar hos i Kriminalvården hade vuxit upp i miljöer där de saknade stöd från föräldrarna. Dessa ungdomar hade redan i tidiga år utvecklat ett beteendemönster som tillät dem att ignorera samhällets regler och normer. Utan tidiga insatser för att stärka föräldraansvaret hamnade de till slut i Kriminalvårdens system.

Kriminalvården står också inför andra utmaningar som bristande resurser, överfulla fängelser och en ständigt växande ungdomskriminalitet. Poliser jag har talat med beskriver ofta en känsla av att "släcka bränder" när det gäller ungdomar som redan har hamnat i brottslighet. De betonar vikten av att förstärka de förebyggande insatserna för att minska trycket på Kriminalvården.

Kriminalvårdens roll i att hantera unga brottslingar

Kriminalvården har en viktig roll i att hantera unga brottslingar och se till att de inte återvänder till ett liv av kriminalitet. Men det är tydligt att dagens kriminalvårdssystem ofta är otillräckligt för att rehabilitera ungdomar som har varit involverade i gängkriminalitet. I stället för att ge dessa ungdomar verktyg för att återintegreras i samhället, återvänder många av dem till samma destruktiva miljöer efter att ha avtjänat sina straff.

Polisen jag talade med betonade vikten av att Kriminalvården och socialtjänsten arbetar tillsammans för att skapa långsiktiga planer för unga brottslingar. Genom att erbjuda utbildning, psykologiskt stöd och strukturerade aktiviteter kan vi ge dessa ungdomar en chans att bryta med sitt förflutna och bygga en ny framtid. Men detta kräver också att det finns ett starkt stöd från familjen, vilket ytterligare understryker vikten av att föräldrarna involveras i rehabiliteringsprocessen.

Samhällets ansvar gentemot brottsoffer

Samtidigt som vi diskuterar Kriminalvårdens roll i att hantera brottslingar får vi inte glömma bort samhällets ansvar gentemot brottsoffer. En vanlig kritik mot dagens kriminalvårdssystem är att det fokuserar för mycket på att rehabilitera brottslingar och för lite på att ge upprättelse till brottsoffren. Brottsoffer har ofta genomgått stora trauman och deras upplevelser måste tas på allvar. Ett fängelsestraff som inte upplevs som proportionerligt till brottet kan förvärra deras trauma och skapa en känsla av att samhället inte tar deras lidande på allvar.

Det är viktigt att vi ser till att brottsoffer får det stöd det behöver för att återhämta sig från det trauma det har genomgått. Detta innebär att samhället måste erbjuda brottsoffer psykologiskt stöd, ekonomisk ersättning och en känsla av rättvisa genom att straffen för brottslingar är proportionella till de brott som har begåtts.

Under mina samtal med både poliser och socialarbetare framkom att många brottsoffer, särskilt unga offer för gängrelaterat våld, ofta inte får den hjälp de behöver. Detta leder till en känsla av otrygghet och ett bristande förtroende för rättssystemet, något som i sin tur kan skapa en cykel av våld och hämnd.

Strängare straff och reformering av kriminalvården

En annan aspekt av samhällets ansvar är att säkerställa att de straff som utdöms är avskräckande och proportionella. Det finns en växande debatt om huruvida straffen för unga kriminella och gängmedlemmar är tillräckligt stränga för att avskräcka andra från att begå liknande brott. Många argumenterar för att straffsystemet i dag är för milt och att kriminella inte får tillräckligt stränga straff, vilket bidrar till att många återfaller i brott.

Ett exempel på detta är användandet av unga som så kallade "barnsoldater" inom kriminella nätverk. Dessa ungdomar utnyttjas av äldre kriminella eftersom de vet att straffen för minderåriga är betydligt mildare än för vuxna. Detta utnyttjande av unga är ett stort problem som måste hanteras med kraftfulla åtgärder. Genom att införa strängare lagar och straff kan vi minska rekryteringen av ungdomar till dessa nätverk.

En reformering av principerna kopplade till kriminalvård skulle också kunna innebära att man fokuserar mer på att straffa brottslingar på ett sätt som inte bara syftar till rehabilitering, utan också till att ge brottsoffren en känsla av rättvisa. Samtidigt är det viktigt att dessa straff kombineras med förebyggande åtgärder som syftar till att ge ungdomar en väg ut ur brottslighet.

Om kriminaliteten fortsätter att öka med 5–10 % varje år, kommer vi att se fler och fler ungdomar som rekryteras av kriminella gäng och används som verktyg i deras verksamhet. För att förhindra detta måste vi införa strängare lagar som gör det svårare för kriminella att utnyttja ungdomar. Dessutom måste vi satsa på förebyggande insatser som riktar sig till dessa ungdomar innan de hamnar i gängens klor. Vi kommer att gå in mer på detta i kapitel 9.

SIS och HVB-hem – en modell som brister?

I Sverige har socialtjänsten och samhället länge satsat på olika typer av institutionella insatser för ungdomar som befinner sig i riskzonen för kriminalitet, missbruk eller annat destruktivt beteende. HVB-hem (Hem för vård eller boende) och SIS (Statens institutionsstyrelse) är två av de vanligaste formerna av sådana insatser. Tanken bakom dessa institutioner är att ge ungdomar en trygg och strukturerad miljö där de kan få vård, stöd och rehabilitering för att bryta destruktiva mönster.

Trots de goda intentionerna bakom dessa insatser har det dock under de senaste åren framkommit betydande kritik mot både HVB-hem och SIS-institutioner. Kritiker menar att insatserna inte alltid fungerar som avsett och att de till och med kan förvärra situationen för vissa ungdomar.

SIS-institutioner och HVB-hem är avsedda för ungdomar med svåra problem, ofta relaterade till kriminalitet, missbruk eller psykisk ohälsa. Dessa ungdomar placeras i dessa boenden i hopp om att få vård och rehabilitering men verkligheten ser ofta annorlunda ut. Flera rapporter och undersökningar visar att många av de ungdomar som placeras på SIS eller HVB-hem inte bara misslyckas med att bryta sitt destruktiva beteende, utan också att de i vissa fall dras djupare in i kriminalitet.

Skillnaden mellan SIS och HVB:

SIS-institutioner: Statens institutionsstyrelse (SiS) har särskilda befogenheter som inkluderar låsta avdelningar, kontroll av vapen och narkotika, samt möjligheten att avskilja intagna i skyddssyfte. Dessa åtgärder syftar till att säkerställa trygghet och genomföra behandlingen effektivt.

HVB-hem: Hem för vård eller boende (HVB) ansvarar för den dagliga omsorgen av placerade barn och unga, inklusive stöd och uppmuntran, samt att sätta gränser och hålla uppsikt. HVB-hem har inte samma omfattande befogenheter som SIS-institutioner men regeringen har föreslagit att utreda införandet av vissa särskilda befogenheter för att stärka tryggheten och säkerheten.

Nackdelar med SIS och HVB-hem

1. Bristande rehabilitering: Trots att SIS och HVB-hem har som mål att rehabilitera ungdomar, finns det stora brister i den faktiska vården. Många ungdomar som placeras på dessa institutioner får inte den psykologiska eller sociala vård som de behöver för att kunna bryta sitt destruktiva beteende. Detta leder ofta till att ungdomarna lämnar institutionen utan att ha gjort några egentliga framsteg.

2. Risk för negativt grupptryck: På många SIS- och HVB-hem placeras ungdomar som har begått brott eller som har en bakgrund inom kriminella kretsar. Detta kan leda till att ungdomarna påverkas negativt av varandra och att institutionerna i stället blir en miljö där kriminellt beteende förstärks snarare än bryts. Det är inte ovanligt att ungdomar lär sig nya kriminella beteenden från varandra under sin tid på dessa institutioner.

3. Hög återfallsfrekvens: Statistiken visar att många av de ungdomar som placeras på SIS eller HVB-hem återfaller i brottslighet efter att de lämnat institutionen. Enligt en rapport från Brottsförebyggande rådet (BRÅ) återfaller 41 % av ungdomarna i kriminalitet efter att de har släppts från en SIS-institution. Detta visar att insatserna ofta inte leder till bestående förändringar i ungdomarnas liv.

4. Brister i säkerhet och personalutbildning: Det har rapporterats om stora brister i säkerheten på vissa HVB-hem och SIS-institutioner. Detta har lett till att ungdomar har lyckats rymma, begå brott under sin vistelse eller att det har uppstått våld mellan boende. Dessutom har det framkommit att personalen på många av dessa institutioner inte har tillräcklig utbildning för att hantera ungdomarnas komplexa behov och problematik.

5. Traumatiserande miljöer: Flera vittnesmål och rapporter har pekat på att vissa SIS- och HVB-institutioner inte är trygga eller stödjande miljöer för ungdomarna. I stället kan de vara traumatiserande, särskilt för ungdomar med tidigare erfarenheter av våld eller övergrepp. Detta kan förvärra deras psykiska hälsa och göra det ännu svårare för dem att återanpassa sig till samhället efter sin tid på institutionen.

Exempel på grova brott efter vistelse på institutioner

Statistik och rapporter visar att flera av de ungdomar som begått grova brott, som mord eller våldsbrott, har haft en bakgrund på SIS- eller HVB-hem. Ett exempel som fick stor uppmärksamhet i media var när en ung man begick ett brutalt mord efter att ha rymt från ett HVB-hem. Detta fall väckte stark kritik mot hur dessa institutioner hanterar sina ungdomar och hur ineffektiva de kan vara när det gäller att förebygga framtida brott.

Enligt statistik från Socialstyrelsen och BRÅ har en betydande andel av de ungdomar som döms för mord eller andra grova brott en bakgrund inom HVB- eller SIS-systemet. Detta tyder på att dessa institutioner, trots sina resurser och expertis, inte lyckas förhindra att ungdomar begår allvarliga brott efter sin vistelse.

För att förbättra situationen för de ungdomar som placeras på SIS- och HVB-hem krävs flera åtgärder:

1. Mer fokus på individanpassad vård: Det är viktigt att ungdomar som placeras på institutioner får vård och stöd som är anpassat efter deras individuella behov. Psykologiskt och socialt stöd måste stå i centrum för insatserna och ungdomarna måste få hjälp att hantera de underliggande problem som ligger bakom deras destruktiva beteenden.

2. Förbättrad personalutbildning: Personalen på SIS- och HVB-hem måste ha tillräcklig utbildning och kompetens för att kunna hantera de ofta komplexa problem som ungdomarna har. Detta inkluderar både psykologisk utbildning och utbildning i hur man hanterar konflikter och våldsamma situationer.

3. Ökad säkerhet och övervakning: För att förhindra att ungdomar rymmer eller begår brott under sin vistelse på institutionerna måste säkerheten förbättras. Detta kan innebära ökad övervakning och tydligare rutiner för hur personalen ska hantera hotfulla eller våldsamma situationer.

4. Fler förebyggande insatser innan placering: Det bästa sättet att minska behovet av SIS och HVB-hem är att satsa mer på förebyggande insatser innan ungdomarna hamnar i destruktiva beteenden. Detta kan innebära att erbjuda föräldrar stöd och vägledning tidigt, samt att satsa på sociala insatser i skolor och bostadsområden där risken för kriminalitet är hög.

Slutsats: Straff, rehabilitering och rättvisa

Frågan om fängelse och straff handlar om mer än bara att skydda samhället från farliga individer. Det handlar också om rättvisa för brottsoffer och om att hitta en balans mellan straff och rehabilitering. Samhället måste både kunna avskräcka kriminella från att begå brott och ge brottslingar en möjlighet att förändra sina liv. Samtidigt måste vi se till att brottsoffer får den upprättelse de förtjänar och att de som orsakar lidande straffas på ett rättvist sätt.

Vi måste också ta itu med problemet med ungdomar som rekryteras till kriminella nätverk och används som "barnsoldater". Detta är ett växande problem som hotar Sveriges säkerhet och det krävs kraftfulla åtgärder för att förhindra att fler ungdomar dras in i kriminaliteten.

I debatten om brottsbekämpning och kriminalvård har det funnits en växande uppmaning till att införa hårdare tag och ge polisen en större roll i hanteringen av kriminella, särskilt i samband med ungdomar och gängkriminalitet. Förslag om att koppla institutioner som SIS, HVB-hem och kriminalvården närmare polisen har lyfts fram som en lösning på Sveriges ökande problem med återfallskriminalitet och våldsamheter.

Trots dessa förslag finns det en oro från vissa håll, som går ut på att ett ökat polisinflytande kan leda till ett mer repressivt samhälle, där medborgarnas friheter riskerar att inskränkas. Denna oro kommer till uttryck genom kritik om att vi är på väg mot ett "polisstatssamhälle." Men hur hållbart är detta argument och vad är svaret på dessa invändningar?

Polisiära ingripanden och kopplingen till SIS och HVB-hem
Förslaget att SIS, HVB-hem och Kriminalvården skulle kopplas direkt till polisen bygger på tanken att dessa institutioner behöver stärkas med mer effektiva metoder för att förhindra återfall och våldsamma händelser. Genom att införa hårda tag och öka polisens närvaro i samband med dessa institutioner, kan vi skapa en mer säker och kontrollerad miljö där kriminella individer hålls under närmare uppsikt.

Forskning har visat att en ökad samverkan mellan polis och ungdomsinstitutioner kan bidra till snabbare ingripanden och minska risken för våld och brott inom och utanför dessa institutioner. Genom att polisen har en tydlig roll i arbetet med dessa ungdomar, kan vi också skapa en starkare avskräckande effekt och minska återfallsfrekvensen.

Höjda straff för hot mot tjänstemän

Lärare, socialsekreterare och poliser är ofta i kontakt med individer som befinner sig i riskzonen för kriminalitet. Dessa yrkesgrupper står dagligen inför utmaningar där hot och våld kan vara en realitet och det finns ett starkt behov av att skydda dem som står i främsta linjen mot kriminaliteten.

För att säkerställa att dessa tjänstemän kan utföra sitt arbete utan att utsättas för hot eller våld, måste straffen för hot mot myndighetsutövare höjas avsevärt. Danmark har exempelvis redan infört sådana skärpningar, vilket har haft positiva effekter. Genom att skydda tjänstemännen bättre, säkerställer vi att de kan fortsätta sitt arbete med att upprätthålla lag och ordning och stödja de individer som befinner sig i riskzonen.

Många tjänstemän har blivit hotade, uthängda och förföljda bara för att de gör sitt arbete. Detta gäller både de med svensk och utländsk bakgrund, som mig och mina kollegor från olika arbetsplatser. Jag har tappat räkningen på antalet gånger jag har blivit hotad, uthängd och fått hotbrev hemskickade, bara för att jag gör mitt jobb. En kollega till mig blev först hotad av en person, sedan förföljd och till slut sågs personen vid kollegans dotters förskola. Det som är frustrerande är att man som tjänsteman måste ange sitt fullständiga namn och att anmälan ska stå på en själv som individ och inte på den myndighet (socialtjänsten) man tillhör och fått hotet medan man gjorde sitt arbete.

Risker med offentlig transparens

Offentlig transparens är en grundläggande princip i demokratier, där medborgarna har rätt till insyn i myndigheternas arbete. Men denna transparens kan också medföra risker, särskilt för tjänstemän som arbetar med känsliga och kontroversiella frågor. När tjänstemän måste ange sitt fullständiga namn och stå som individer i anmälningar, kan det leda till att de blir måltavlor för hot och trakasserier. Detta skapar en otrygg arbetsmiljö och kan påverka deras förmåga att utföra sina arbetsuppgifter effektivt.

Hantering av risker med offentlig transparens

För att hantera dessa risker och samtidigt bevara principen om öppenhet och transparens, kan följande åtgärder övervägas: Anonymisering av tjänstemän: Införa regler som tillåter tjänstemän att vara anonyma i vissa fall, särskilt när det gäller känsliga anmälningar och beslut. Detta kan minska risken för att de blir måltavlor för hot och trakasserier.

Stärkta säkerhetsåtgärder: Implementera säkerhetsåtgärder som skyddar tjänstemän och deras familjer. Detta kan inkludera övervakning av hot, säkerhetsutbildning och stöd från arbetsgivaren.

Psykologiskt stöd: Erbjuda psykologiskt stöd och rådgivning till tjänstemän som utsätts för hot och trakasserier. Detta kan hjälpa dem att hantera stress och upprätthålla sin arbetsförmåga.

Lagstiftning: Skärpa lagstiftningen kring hot och trakasserier mot tjänstemän. Införa strängare straff för sådana brott för att avskräcka potentiella förövare.

Balans mellan transparens och säkerhet

Det är viktigt att hitta en balans mellan transparens och säkerhet. Offentlig transparens är avgörande för att upprätthålla förtroendet för myndigheterna och säkerställa att de arbetar rättvist och effektivt. Samtidigt måste vi skydda de individer som arbetar inom dessa myndigheter och säkerställa att de kan utföra sina arbetsuppgifter utan rädsla för hot och trakasserier. Genom att implementera åtgärder som anonymisering, stärkt säkerhet, psykologiskt stöd och skärpt lagstiftning kan vi skapa en tryggare arbetsmiljö för tjänstemän och samtidigt bevara principen om öppenhet och transparens.

Sammanfattning kapitel 8: Fängelser, straff, kriminalvården, SIS och HVB-hem

Fängelsesystemet måste balansera mellan straff och rehabilitering för att vara effektivt. Michel Foucaults teori om övervakning och straff beskriver hur straffets utveckling har gått från fysiska kroppsliga straff till fängelsestraff som riktas mot själen. Fängelser används inte enbart för att straffa, utan också för att omvandla och disciplinera individer. Jeremy Bentham utvecklade konceptet panoptikon, en typ av fängelsebyggnad som möjliggör konstant övervakning av fångarna utan att de vet om de övervakas vid varje given tidpunkt. Panoptikonet är utformat som en cirkulär byggnad med ett centralt övervakningstorn, vilket skapar en känsla av ständig övervakning och disciplin. Bentham argumenterade för att denna struktur skulle leda till att fångarna internaliserar övervakningen och reglerna, vilket främjar självdisciplin och ordning. Han menade att panoptikonet skulle ha flera fördelar, som moraliskt reformerade fångar, bättre hälsa och hygien, ökad industriell effektivitet, ekonomisk besparing och offentlig insyn. Kapitlet tog också upp hur fängelser kan skapa en social miljö som uppmuntrar brottsliga sammansvärjningar och hur fängelser inte alltid minskar kriminaliteten utan snarare kan leda till återfall. Fängelsestraffets påverkan diskuteras vidare, där Foucault beskriver hur fängelser inte minskar kriminaliteten utan snarare leder till återfall. Fängelser skapar även en social miljö som uppmuntrar brottsliga sammansvärjningar. Fängelsestraff måste vara proportionella och samhället måste säkerställa att brottslingar inte bara får vård, utan också straffas på ett sätt som är rättvist i förhållande till de brott de har begått. Detta innebär att vi kanske måste ompröva hur vi ser på fängelsestraff och vilka prioriteringar som görs inom kriminalvården. I vissa fall kan det vara mer effektivt att fokusera på att straffa brottslingar för att avskräcka dem och andra från att begå liknande handlingar, snarare än att fokusera på rehabilitering. Genom att förstå och tillämpa dessa insikter kan samhället skapa ett mer effektivt och rättvist fängelsesystem som både skyddar samhället och ger brottslingar en möjlighet att förändra sina liv.

Kriminalvården är en viktig del av samhällets svar på brottslighet men den är bara en del av lösningen. För att minska ungdomsbrottslighet och skapa ett säkrare samhälle måste vi fokusera på förebyggande åtgärder som stärker föräldrar och ger ungdomar en stabil grund att stå på. Genom att satsa på utbildning, föräldrautbildningar och tidiga insatser kan vi minska antalet unga som hamnar i kriminalitet och därmed också minska trycket på kriminalvården.

SIS och HVB-hem har spelat en viktig roll i Sveriges insatser för att hantera ungdomar i riskzonen men det är uppenbart att det finns stora brister i systemet. Med en hög återfallsfrekvens, bristande rehabilitering och en ofta traumatisk miljö för ungdomarna, är det tydligt att systemet inte fungerar som det ska.

För att säkerställa att ungdomar får den vård och det stöd de behöver, måste systemet reformeras och mer fokus måste läggas på individuella insatser och säkerhet. Dessutom är det viktigt att vi som samhälle satsar på förebyggande insatser som kan hjälpa ungdomar innan de hamnar i kriminalitet eller andra destruktiva mönster.

För att säkerställa ett tryggare samhälle och för att skydda våra tjänstemän och medborgare från hot och våld, måste vi våga vidta hårdare åtgärder. Genom att koppla institutioner som SIS, HVB-hem och Kriminalvården närmare polisen kan vi säkerställa att vi har en effektiv och snabb respons på brottslighet, särskilt bland ungdomar och gängmedlemmar. Höjda straff för hot mot tjänstemän är också ett nödvändigt steg för att skydda de som arbetar i frontlinjen.

Trots rädslan för en ökad polisiär närvaro, är dessa förslag inte ett steg mot en polisstat, utan snarare ett steg mot ett samhälle där de som följer lagen kan känna sig tryggare. För de som inte har något att dölja, är dessa åtgärder något att välkomna – en möjlighet att skapa en säkrare framtid för alla.

Samtidigt måste vi säkerställa att brottsoffer får den rättvisa och det stöd de förtjänar. Rättvisa handlar inte bara om att rehabilitera brottslingar, utan också om att skydda de som drabbas av brott. Genom att införa strängare straff och förbättra stödet för brottsoffer kan vi bygga ett samhälle där både trygghet och rättvisa står i centrum.

- **Fråga**: Vilka reformer tror du skulle vara mest effektiva för att förbättra kriminalvården och minska återfall?

- **Reflektion**: Fundera på hur straff och rehabilitering kan balanseras för att både avskräcka från brott och ge brottslingar en chans att förändra sina liv.

Kapitel 9: Barnsoldater och kriminalitet, ett växande hot mot samhället

Ett av de skrämmande fenomenen inom dagens ungdomskriminalitet är användningen av så kallade "barnsoldater" i kriminella nätverk. Dessa ungdomar utnyttjas av äldre kriminella på grund av deras låga ålder och de mildare straffen det innebär. Detta har blivit en allt vanligare taktik inom gängkriminaliteten och utgör ett allvarligt hot mot samhällets säkerhet och framtid.

Barnsoldaternas roll i kriminella nätverk

Barnsoldater i kriminella sammanhang är unga pojkar och flickor, ofta i tonåren, som rekryteras av äldre kriminella för att utföra farliga och olagliga uppdrag. Dessa ungdomar ser ofta upp till de äldre kriminella och dras in i gängmiljöer genom löften om snabba pengar, status och skydd. De utnyttjas för att transportera droger, utföra våldshandlingar och till och med begå mord, eftersom de vet att rättssystemet behandlar minderåriga mildare än vuxna.

Under mina intervjuer med poliser och socialarbetare i utsatta områden beskrevs hur barn och ungdomar allt mer utnyttjas av kriminella nätverk. En polis berättade om hur gängmedlemmar medvetet använder minderåriga som kurirer för att transportera narkotika, eftersom risken för långa fängelsestraff är betydligt lägre för dessa ungdomar. Dessutom kan barnen ofta manipulera sina åldrar, vilket ytterligare försvårar rättssystemets möjlighet att straffa dem effektivt.

Detta är ett enormt problem, inte bara för att ungdomarna utnyttjas och riskerar att fastna i ett liv av kriminalitet, utan också för att det utgör en allvarlig säkerhetsrisk för samhället. När ungdomar utför våldsamma handlingar på uppdrag av äldre kriminella blir de en del av en våldsspiral som hotar att dra med sig ännu fler unga i brottslighet.

Ungdomskriminalitet och straffens avskräckande effekt

En stor utmaning i arbetet mot ungdomsbrottslighet är att skapa straff som både rehabiliterar och avskräcker unga från att begå brott. Straffen för minderåriga i Sverige är relativt milda, vilket gör att kriminella rekryterar ungdomar för att begå brott. Detta är något som både poliser och socialarbetare jag talade med bekräftade att många av de ungdomar som rekryteras av kriminella nätverk är medvetna om att deras straff blir mildare på grund av deras ålder.

Unga kriminella använder sociala medier för att skryta om sina brott och få bekräftelse från sina vänner. Detta inkluderar att skicka meddelanden som "vi ses om 2 år" efter att ha begått ett mord, vilket visar på en skrämmande likgiltighet och normalisering av våld. Sociala medier har blivit en plattform för unga kriminella att visa upp sina brott och få bekräftelse, vilket bidrar till en ökad våldsspiral och en känsla av straffrihet.

En socialarbetare beskrev hur många av de ungdomar hon arbetade med såg kriminaliteten som en "riskfri väg" till snabbare pengar och status. Eftersom de vet att de, om de åker fast, endast får mildare straff, känner de inte samma rädsla för konsekvenser som vuxna brottslingar. Detta utnyttjas av de äldre kriminella som drar fördel av det rättsliga systemets oförmåga att hantera minderåriga på ett tillräckligt avskräckande sätt.

En reform av straffsystemet för ungdomar skulle kunna innebära att vi inför strängare påföljder för dem som utnyttjas i kriminella nätverk, särskilt när det gäller allvarliga brott som mord och narkotikahandel. Genom att göra straffen mer avskräckande kan vi minska kriminellas benägenhet att använda unga för sina syften och samtidigt ge ungdomarna ett större incitament att hålla sig borta från kriminalitet.

Familjens roll i att förebygga rekrytering till gäng

Även om straffsystemet har en viktig roll i att avskräcka unga från att delta i kriminell verksamhet, är det lika viktigt att föräldrar och familjer engageras i att förebygga att deras barn rekryteras till gäng. Föräldrar som är närvarande i sina barns liv och som sätter upp tydliga gränser och förväntningar kan göra en stor skillnad i att skydda sina barn från att dras in i kriminalitet.

De föräldrar jag arbetade med under min tid som socialsekreterare och handledare saknade verktyg för att förstå varningstecknen när deras barn började umgås med fel kretsar. En mamma jag arbetade med var chockad när hon insåg att hennes son som hon trodde var i skolan faktiskt hade blivit involverad i ett kriminellt gäng. Hon visste inte hur hon skulle hantera situationen eller hur hon skulle sätta upp gränser för att förhindra att han drogs djupare in i brottslighet.

Å andra sidan finns föräldrar som själva lär och visar barnen vägen till "du kan göra vad som helst" särskilt mot vuxna utan att ha konsekvenser, särskild om barnen lider av ADHD eller liknande där det börjar från föräldrarna, som ser det som ett plus och det fortsätter att anses så även vid gängrekrytering.

Ett exempel på detta är föräldrarna till två 14-åriga killar vars mammor har gått och köpt basebollträn från Biltema och sagt att de ska till sina söner som spelar baseboll. En av 14-åringarnas pappa har sedan kört killarna till en plats där de ska slå en annan

14-årig kille med basebollträ. När folk runtomkring har frågat vad som har hänt, har pappan svarat att det är “en familjegrej som de löser med varandra” (Expressen, 2024).

Ett annat exempel är när unga kriminella använder sin låga ålder som ett skydd mot rättsliga konsekvenser. De säger saker som "Vad ska du göra? Jag är bara 13–15", ”våga rör mig!" för att undvika att bli straffade. Detta visar på en medvetenhet om att de är under den straffmyndiga åldern och därför inte kan hållas ansvariga på samma sätt som vuxna. Denna attityd bidrar till en känsla av straffrihet och gör det svårare för rättssystemet att hantera ungdomskriminalitet.

Enligt en studie från Högskolan i Borås, utnyttjas barn och unga av gäng för att lyckas med sin egen kriminalitet. Gängen rekryterar minderåriga eftersom de vet att dessa barn tror att de kan utnyttja lagen till sin fördel, då de inte kan straffas lika hårt som vuxna. I verkligheten händer det rentav att barnen utnyttjas av gängen och resultatet blir ofta att de tvingas in i en situation där det handlar om att mörda eller bli mördad. (Högskolan i Borås, "Gänggrooming - Att utnyttja barn för att lyckas med sin egen kriminalitet", 2025.)

Genom att erbjuda föräldrar utbildning och stöd, samt genom att engagera dem i deras barns liv, kan vi hjälpa dem att förebygga att deras barn utnyttjas av kriminella nätverk. Samhället har ett ansvar att ge föräldrarna de verktyg de behöver för att vara en positiv kraft i sina barns liv. Detta inkluderar att förse dem med kunskap om hur de kan upptäcka tidiga varningstecken på att deras barn håller på att dras in i kriminalitet.

Långsiktiga åtgärder för att bekämpa ungdomsbrottslighet

För att på ett effektivt sätt bekämpa ungdomsbrottslighet och förebygga att fler unga rekryteras till kriminella nätverk krävs långsiktiga och samordnade åtgärder. Detta inkluderar att reformera straffsystemet för minderåriga, stärka föräldrarnas roll i förebyggandet av kriminalitet och förbättra samarbetet mellan olika samhällsaktörer.

Under mina intervjuer med polisen och socialtjänsten framkom att en av de mest effektiva åtgärderna för att minska rekryteringen av barnsoldater är att skapa alternativ till kriminaliteten. Ungdomar som ser en framtid i skolan eller arbetslivet är mindre benägna att dras in i brottslighet. Detta kräver dock att föräldrar, skolan, socialtjänst och andra samhällsaktörer arbetar tillsammans för att skapa tydliga vägar till utbildning och sysselsättning för dessa ungdomar.

Samtidigt måste vi säkerställa att rättssystemet är tillräckligt avskräckande, för att förhindra att unga används som verktyg i kriminella nätverk. Detta innebär att straffen för ungdomsbrottslingar måste vara proportionella och effektiva.

Brott av unga genom sociala medier

Tyvärr används sociala medier i dag även för att begå brott, som mordbeställningar, skjutningar och sprängningar. Det är därför avgörande att föräldrar har koll på sina barns aktiviteter på dessa plattformar. Föräldrar måste kunna svenska för att förstå vad som pågår och sägs där, så att de kan ingripa och stoppa farliga situationer. Detta kan man göra genom exempelvis att använda appar för övervakning där föräldrar kan se var deras barn befinner sig och hur länge de har varit där. Eller att ha koll på vilka appar barnen använder. Detta kan hjälpa till att övervaka barnens rörelser och säkerställa deras säkerhet, både fysiskt och digitalt.

I dagens digitala samhälle har sociala medier blivit en plattform där kriminella nätverk rekryterar unga människor. Genom att utnyttja ungdomars önskan om snabba pengar och status, lockar de in dem i kriminella aktiviteter. Här är några exempel på meddelanden som unga kan stöta på:

"Vill du tjäna feta cash?"

"Hör av er om ni vill göra riktiga pengar"

"Vi snackar riktigt stora pengar"

Dessa meddelanden är ofta början på en farlig väg där unga blir målvakter för penningtvätt. Ett vanligt scenario är att de ombeds ta emot en swish-betalning, behålla en summa och skicka resten vidare. Så kan det se ut när unga blir målvakter för penningtvätt.

Polisen har varnat för att det är samma personer som skjuter och spränger i vårt samhälle, som eftersöker målvakter på detta sätt. Genom att använda sociala medier kan de nå ut till en stor mängd ungdomar snabbt och effektivt.

Att bli involverad i kriminella aktiviteter kan få allvarliga konsekvenser för ungdomar. Förutom de juridiska följderna, kan det leda till att de dras djupare in i kriminella nätverk och utsätts för våld och hot.

För att motverka denna utveckling är det viktigt att föräldrar, skolor och samhällsaktörer arbetar tillsammans för att utbilda ungdomar om riskerna och erbjuda alternativ. Föräldrar bör vara medvetna om vad deras barn gör på sociala medier och ha öppna samtal om de faror som finns.

Rekrytering av unga i utlandet

Svenska ungdomar rekryteras till kriminella handlingar även utomlands, särskilt i grannländer. Detta visar på behovet av ett strukturerat, tidigt förebyggande arbete, där föräldrar spelar en central roll. "Stoppa rekryteringen, den börjar hemifrån" borde vara ett ledmotiv. Polisen uppmanar föräldrar att vara närvarande och engagerade i sina barns liv, särskilt under lov och ledigheter när risken för rekrytering är högre. Genom att vara närvarande och skapa en trygg miljö hemma kan föräldrar bidra till att förhindra att deras barn dras in i kriminalitet.

Svenska ungdomar begår brott i Danmark, Norge och Finland. I Danmark har unga svenskar varit inblandade i flera grova brott, inklusive skjutningar och sprängningar. I Norge och Finland har liknande trender observerats, där svenska ungdomar rekryteras av kriminella nätverk för att utföra våldsbrott. Den svenska ungdomsbrottsligheten hotar inte bara Sverige utan även grannländerna, vilket understryker vikten av internationellt samarbete och informationsutbyte mellan länderna för att effektivt bekämpa gränsöverskridande kriminalitet. Danmark, Norge och Finland har vidtagit specifika åtgärder för att hantera svenska brottslingar som är verksamma i deras länder.

Danmark har infört flera åtgärder för att bekämpa gränsöverskridande kriminalitet, inklusive svenska brottslingar. Förutom hårdare straff för gängkriminella, möjligheten att vittna anonymt och vistelseförbud på specifika platser i upp till tio år, har dansk polis varnat för att svenska tonåringar rekryteras av kriminella gäng i Danmark för att utföra våldsbrott. Som en åtgärd har de skärpt gränskontrollerna samt påbörjat ett samarbete med svenska myndigheter.

Norge har också vidtagit åtgärder för att hantera svenska gängkriminella. Den norska polisen har rapporterat att svenska kriminella nätverk är verksamma i nästan alla norska polisdistrikt. För att bekämpa detta har Norge stärkt samarbetet med svenska myndigheter, inklusive sampatrullering längs gränsområden och delning av information. Norska polisen har också ansökt om stöd från sin egen regering för att skärpa insatserna mot narkotikasmuggling och annan organiserad brottslighet.

Finland har implementerat flera åtgärder för att hantera svenska brottslingar. Centralkriminalpolisen (CKP) har bekräftat att svenska gängkriminella har planerat våldsamma angrepp mot kriminella organisationer i Finland. För att motverka detta har Finland fokuserat på att förbättra sysselsättningen och mentala hälsan bland unga, samt stärka samarbetet med svenska myndigheter för att förhindra spridningen av organiserad brottslighet. Dessa åtgärder visar på ett omfattande och samordnat arbete för att motverka svenska brottslingar i grannländerna. Genom internationellt samarbete och långsiktiga strategier hoppas myndigheterna kunna minska kriminaliteten och skydda unga från att dras in i kriminella nätverk.

Handlingsplaner och checklistor

För att förebygga att barn rekryteras till kriminella nätverk kan föräldrar använda handlingsplaner och checklistor:

- **Handlingsplaner**: Skapa en plan för hur du kan hålla ditt barn engagerat i positiva aktiviteter och borta från negativa influenser. Inkludera mål för skolprestationer, fritidsaktiviteter och social utveckling.

- **Checklistor**: Använd checklistor för att säkerställa att du följer upp viktiga uppgifter och aktiviteter som hjälper ditt barn att hålla sig på rätt spår.

- **Hantering av skärmtid**: Hantera barns skärmtid och säkerställ att de använder teknik på ett hälsosamt och produktivt sätt. Inkludera tips för att skapa skärmfri tid och aktiviteter som kan ersätta skärmtid.

- **Digital säkerhet**: Inkludera information om hur man hanterar cybermobbning, rekrytering av unga via sociala medier samt skyddar personlig information.

Sammanfattning kapitel 9: Barnsoldater och kriminalitet – ett växande hot mot samhället

Användningen av barnsoldater i kriminella nätverk är ett växande problem som utgör ett allvarligt hot mot både ungdomarna själva och samhället som helhet. Genom att reformera straffsystemet för minderåriga, stärka föräldrarnas roll i förebyggandet av kriminalitet och förbättra samarbetet mellan myndigheter kan vi bekämpa detta fenomen och skydda våra ungdomar från att utnyttjas av kriminella.

Samhället har ett ansvar att skapa en miljö där ungdomar har bättre alternativ än kriminalitet och detta kräver långsiktiga, samordnade åtgärder. Genom att stärka familjen, reformera kriminalvården och skapa avskräckande straff kan vi minska ungdomsbrottsligheten och säkerställa en tryggare framtid för kommande generationer.

- **Fråga**: Hur kan samhället bättre skydda ungdomar från att rekryteras av kriminella nätverk?

- **Reflektion**: Tänk på en gång när du har sett eller hört om ungdomar som har dragits in i kriminalitet. Vad kunde ha gjorts för att förhindra det?

Kapitel 10: Migrationens och kriminalpolitikens roll i samhällets utmaningar

Migrationen har under lång tid varit en viktig del av Sveriges utveckling och bidragit till att forma landets kultur, ekonomi och demografi. Dock har de senaste decenniernas migrationsvågor, i kombination med brister i integrationspolitiken, skapat utmaningar som påverkar samhället. Många invandrarfamiljer hamnar i så kallade utsatta områden, där de möter ekonomiska svårigheter, socialt utanförskap och svårigheter att integreras.

I mina intervjuer med socialtjänsten och polisen inom dessa områden framkom att många ungdomar som hamnar i kriminalitet ofta kommer från familjer som kämpar med att anpassa sig till det svenska samhället. De växer upp i miljöer där kriminalitet är vanligt och där äldre generationerna har svårt att navigera i de sociala och kulturella normer som råder i Sverige. Detta leder till att de unga ofta saknar den vägledning och stöd de behöver för att undvika att hamna i kriminalitet.

Intervjupersonen från socialtjänsten beskrev hur många invandrarfamiljer i hennes område var överväldigade av de utmaningar de mötte, både när det gällde ekonomiska frågor och när det kom till att förstå och anpassa sig till den svenska kulturen. Detta skapade en situation där många barn och ungdomar sökte tillhörighet och stöd utanför familjen, ofta i kriminella nätverk som erbjöd en känsla av gemenskap och skydd.

Ansvarsfull migrationspolitisk

En ansvarsfull migrationspolitik måste ta hänsyn till utmaningarna med att integrera stora grupper av människor. Det handlar inte bara om att erbjuda en trygg plats att bo på, utan också om att säkerställa att de har de resurser och det stöd de behöver för att kunna bidra positivt till samhället. Detta innebär att vi måste investera i utbildning, arbetsmarknadsåtgärder och samhällsorientering för att ge människorna de verktyg de behöver för att integrera sig framgångsrikt.

Under min tid som arbetsmarknadssekreterare och socialsekreterare såg jag hur viktigt det var att erbjuda nyanlända föräldrar stöd i att förstå hur det svenska samhället fungerar. Många av de föräldrar jag arbetade med hade svårt att förstå de krav och förväntningar som ställdes på dem, både som föräldrar och som samhällsmedborgare. Genom att ställa krav och erbjuda dem utbildning i svenska språket, samhällsorienteringskurser och arbetsmarknadsåtgärder, kunde vi hjälpa dem att anpassa sig och ta en mer aktiv roll i sina barns liv och i samhället som helhet.

Kriminalpolitikens roll i migrationsfrågan

Sambandet mellan migration och kriminalitet har länge varit en kontroversiell fråga. Ofta är diskussionerna laddade med ideologiska åsikter men det är viktigt att analysera problemet ur ett sakligt och faktabaserat perspektiv för att förstå de faktiska utmaningarna. Denna komplexa fråga påverkar inte bara de individer som direkt drabbas av kriminalitet, utan hela samhället.

En annan viktig aspekt av migration och kriminalitet är hur kriminalpolitiken hanterar brottslingar med invandrarbakgrund. Under de senaste åren har det pågått en debatt om huruvida kriminella invandrare borde utvisas eller om samhällets fokus snarare borde ligga på rehabilitering och integration. Denna debatt är särskilt relevant i ljuset av den ökande gängkriminaliteten i Sveriges storstäder, där många av de ledande aktörerna har invandrarbakgrund.

Polisen jag intervjuade beskrev hur kriminella nätverk i stor utsträckning utnyttjar de svagheter som finns i Sveriges kriminal- och migrationspolitik. Många av dessa nätverk rekryterar unga från utsatta invandrarfamiljer och när dessa unga väl har blivit en del av kriminaliteten, är det mycket svårt att få dem att bryta sig loss. Polisen betonade att en hårdare kriminalpolitik, med längre fängelsestraff och ökad användning av utvisning för grova brottslingar, skulle kunna bidra till att minska den organiserade brottsligheten.

Migration och kriminalitet – en fråga om socioekonomiska förutsättningar

Det är också viktigt att betona att kriminaliteten bland ungdomar med invandrarbakgrund inte enbart kan förklaras av deras kulturella eller etniska ursprung. Forskning visar att socioekonomiska faktorer, som fattigdom, arbetslöshet och brist på utbildning, spelar en avgörande roll i att driva ungdomar mot kriminalitet. Invandrare är överrepresenterade i dessa utsatta grupper, vilket innebär att de också är mer utsatta för de riskfaktorer som leder till kriminalitet.

Fattigdom kommer inte till uttryck på samma sätt som förr. Tidigare handlade fattigdom om att ha mat på bordet, kläder, skor och tak över huvudet, oavsett vad det var för mat eller kläder. Nu handlar fattigdom mer om att ha märkeskläder, dyra skor och smycken. Denna förändring i definitionen av fattigdom påverkar ungdomars uppfattning om vad det innebär att vara fattig och kan driva dem mot kriminalitet i jakten på status och materiella ägodelar.

En socialarbetare jag talade med beskrev hur många av de ungdomar som hon arbetade med oavsett ursprung, hade samma grundläggande problem: de saknade en stabil hem- och skolmiljö, de hade inga positiva förebilder och de såg ingen framtid för sig själva. Hon betonade att dessa problem inte nödvändigtvis var kopplade till deras invandrarbakgrund, utan snarare till deras ekonomiska och sociala situation.

Det är därför viktigt att vi ser kriminaliteten i invandrargrupper ur ett bredare perspektiv, där vi inte bara fokuserar på deras kulturella bakgrund utan också på de strukturella problem som påverkar deras liv. Genom att satsa på utbildning, jobbskapande åtgärder och socialt stöd kan vi minska de socioekonomiska klyftorna och därmed också kriminaliteten i dessa grupper.

Politiska lösningar för ett tryggare samhälle

För att minska kriminaliteten och förbättra integrationen krävs politiska lösningar som tar hänsyn till både migrations- och kriminalpolitiska aspekter. Det innebär att vi måste reformera både vår kriminalpolitik och vår migrationspolitik för att skapa ett samhälle där alla individer, oavsett bakgrund, kan leva ett tryggt och meningsfullt liv.

Ett steg i rätt riktning är att införa hårdare straff för gängkriminalitet och att öka insatserna för att förhindra att unga rekryteras till kriminella nätverk. Samtidigt måste vi fortsätta att satsa på utbildning och integration för att säkerställa att invandrare får de verktyg de behöver för att anpassa sig till det svenska samhället och bidra till dess utveckling.

Genom att kombinera en ansvarsfull migrationspolitik med en hårdare kriminalpolitik kan vi skapa ett tryggare samhälle där alla individer, oavsett bakgrund, har möjlighet att nå sin fulla potential. Detta kräver dock långsiktiga politiska åtgärder och ett starkt samarbete mellan skola, socialtjänst, polis och andra samhällsaktörer.

Samarbete med skolan och samhället

För att stödja invandrarfamiljer och deras integration är samarbete mellan föräldrar, skola och samhällsaktörer avgörande:

- **Samhällsorienteringskurser**: Erbjud kurser som hjälper invandrarföräldrar att förstå hur det svenska samhället fungerar och vilka resurser som finns tillgängliga.
- **Stödinsatser**: Ge stödinsatser som kan hjälpa invandrarfamiljer att anpassa sig till det svenska samhället, inklusive språkkurser, arbetsmarknadsåtgärder och socialt stöd.

Framtidens kriminalpolitik – behovet av reformer och samarbete

Kriminaliteten i Sverige har under de senaste decennierna förändrats och blivit mer komplex, med ökade inslag av organiserad brottslighet, gängrelaterat våld och internationella nätverk. För att möta dessa utmaningar krävs en modern och genomtänkt kriminalpolitik som inte bara fokuserar på straff, utan även på förebyggande åtgärder, rehabilitering och ett förstärkt samarbete mellan olika samhällsaktörer. I detta kapitel diskuterar vi vilka reformer och åtgärder som krävs för att minska kriminaliteten och skapa ett tryggare samhälle.

Ett av de viktigaste stegen för att möta den ökande kriminaliteten är att genomföra kriminalpolitiska reformer som är anpassade till dagens samhälle. Den traditionella kriminalpolitiken har ofta varit inriktad på att straffa brottslingar efter att brott har begåtts men det är tydligt att detta inte längre räcker för att hantera de problem vi står inför. Vi behöver en kriminalpolitik som i större utsträckning fokuserar på att förebygga brott och rehabilitera brottslingar för att minska återfallsrisken.

I flera av de intervjuer jag genomförde med poliser och socialarbetare framkom att en av de största utmaningarna är att rättssystemet ofta är för långsamt och ineffektivt. Många brottslingar, särskilt unga, kan begå flera brott innan de döms och får kännbara straff. En polis jag talade med betonade att det är nödvändigt att snabba på rättsprocessen för att ge en tydlig signal om att brott får konsekvenser och att vi måste bli bättre på att erbjuda tidiga och effektiva insatser för att hindra unga från att hamna i kriminalitet.

Investeringar i förebyggande insatser

En annan central del av framtidens kriminalpolitik är att öka investeringarna i förebyggande insatser. Genom att satsa på utbildning, socialt stöd och arbetsmarknadsåtgärder kan vi ge ungdomar de verktyg de behöver för att hålla sig borta från kriminalitet. Detta innebär att vi måste satsa mer resurser på skolorna, särskilt i utsatta områden, där många ungdomar riskerar att hamna utanför samhällets ramar.

Under min tid som socialsekreterare såg jag hur viktiga förebyggande insatser kunde vara för att hjälpa ungdomar att hålla sig på rätt väg. Ett exempel är ett projekt jag arbetade med där ungdomar i riskzonen erbjöds mentorprogram och fritidsaktiviteter som gav dem en positiv struktur i vardagen. Genom att erbjuda dessa ungdomar stöd och vägledning kunde vi se en märkbar minskning i antalet ungdomar som drogs in i kriminalitet.

Polisen jag talade med betonade att dessa typer av insatser är avgörande för att minska brottsligheten på lång sikt. Genom att erbjuda ungdomar alternativ till kriminaliteten kan vi skapa en framtid där färre individer hamnar i fängelse och fler får möjlighet att utvecklas till ansvarstagande medborgare.

Rehabilitering och återintegrering av brottslingar

En annan viktig del av framtidens kriminalpolitik handlar om hur vi hanterar de individer som redan har begått brott. Rehabilitering och återintegrering av brottslingar är avgörande för att minska återfall och säkerställa att individer som avtjänat sina straff får en chans att skapa sig ett nytt liv utanför kriminaliteten.

I mina samtal framkom det att rehabiliteringsprogrammen inom kriminalvården ofta är otillräckliga. Många fångar, särskilt unga, får inte tillräckligt med stöd och vägledning för att bryta med sitt kriminella förflutna. Detta leder till att många återfaller i brott kort efter att de släppts från fängelset.

För att förbättra rehabiliteringen krävs att vi satsar mer resurser på att erbjuda utbildning, psykologiskt stöd och arbetsmarknadsåtgärder inom kriminalvården. Ett exempel som visade sig vara framgångsrikt var ett projekt där fångar fick utbildning och yrkesträning medan de avtjänade sina straff. Genom att ge dem verktyg för att återintegreras i samhället kunde vi minska återfallsrisken och ge dem en chans att bygga en bättre framtid.

Internationella samarbeten för att bekämpa organiserad brottslighet

En annan viktig del av framtidens kriminalpolitik handlar om att hantera den växande internationella organiserade brottsligheten. Många av de kriminella nätverken som verkar i Sverige har kopplingar till internationella organisationer, vilket gör det svårt för enskilda länder att hantera problemet på egen hand. För att effektivt bekämpa dessa nätverk krävs därför ett starkare internationellt samarbete mellan polismyndigheter och rättsväsen.

Polisen jag intervjuade beskrev hur gängrelaterad kriminalitet ofta är en del av större internationella nätverk som sträcker sig över flera länder. Dessa nätverk är involverade i allt från narkotikasmuggling till människohandel och deras verksamhet påverkar inte bara Sverige, utan även andra delar av Europa. För att effektivt kunna bekämpa dessa organisationer krävs att vi förbättrar våra internationella samarbeten och delar information med andra länder för att kunna slå till mot de kriminella nätverken på bred front.

Genom att samarbeta med internationella myndigheter kan vi inte bara slå tillbaka mot den organiserade brottsligheten, utan också förhindra att dessa nätverk rekryterar nya medlemmar bland utsatta ungdomar i Sverige. Detta samarbete är särskilt viktigt när det gäller att hantera narkotikahandeln, som är en av de främsta inkomstkällorna för många kriminella nätverk.

Politiska reformer för ett tryggare samhälle

Slutligen är det avgörande att kriminalpolitiken är en del av en bredare politisk strategi för att bygga ett tryggare samhälle. Detta innebär att vi måste se kriminalpolitiken som en integrerad del av andra politikområden, som utbildning, arbetsmarknadspolitik och socialpolitik. Genom att skapa en helhetssyn på samhällsproblemen kan vi utveckla mer effektiva lösningar som inte bara bekämpar brottsligheten, utan också tar itu med de grundläggande orsakerna till brott.

En av de viktigaste reformerna som kan genomföras är att förbättra samarbetet mellan olika samhällsaktörer, inklusive skolan, socialtjänsten, polisen och rättsväsendet. Detta samarbete måste bygga på en gemensam förståelse för de utmaningar som samhället står inför och en vilja att arbeta tillsammans för att skapa långsiktiga lösningar. Genom att främja samarbete på alla nivåer av samhället kan vi skapa en starkare och mer effektiv kriminalpolitik som inte bara fokuserar på straff, utan också på förebyggande och rehabilitering.

Sammanfattning kapitel 10: Migrationens och kriminalpolitikens roll i samhällets utmaningar

Frågan om migration och kriminalitet är komplex och kräver en balanserad och faktabaserad analys. För att möta dessa utmaningar måste vi skapa en ansvarsfull migrationspolitik som ger invandrare de resurser och det stöd de behöver för att integrera sig framgångsrikt i samhället. Samtidigt måste kriminalpolitiken reformeras för att skapa strängare straff för allvarliga brott och minska risken för att unga rekryteras till kriminella nätverk.

Genom att kombinera dessa åtgärder kan vi bygga ett samhälle som är både säkrare och mer inkluderande, där alla individer får möjlighet att bidra till samhällets utveckling och där brottsligheten minskar. Detta kräver dock långsiktigt engagemang och samarbete på alla nivåer.

Framtidens kriminalpolitik måste vara modern, flexibel och fokuserad på att möta de komplexa utmaningar som dagens samhälle står inför. Genom att genomföra reformer som fokuserar på både straff, förebyggande åtgärder och rehabilitering, samt genom att förbättra samarbetet mellan olika samhällsaktörer och internationella myndigheter, kan vi skapa en tryggare framtid för alla.

Kriminalpolitiken är inte bara en fråga om rättvisa, utan handlar också om att bygga ett starkare samhälle där alla individer, oavsett bakgrund, har möjlighet att utvecklas och leva ett liv fritt från kriminalitet. För att uppnå detta måste vi investera i de människor och institutioner som arbetar med att förebygga brott och rehabilitera brottslingar och vi måste främja ett starkare samarbete både nationellt och internationellt.

- **Fråga**: Hur kan migrationspolitiken förbättras för att bättre stödja integration och minska kriminalitet?
- **Reflektion**: Reflektera över hur socioekonomiska faktorer påverkar kriminalitet. Vad kan göras för att minska dessa faktorer?

Kapitel 11: Konsekvenser av oansvarig kriminalpolitik

Kriminalpolitiken har varit föremål för omfattande debatt, särskilt när det gäller hur den hanterar dagens utmaningar med gängkriminalitet, ungdomsbrottslighet och otrygghet i utsatta områden. Den oansvariga kriminalpolitiken, med alltför milda straff och ett överfokus på rehabilitering snarare än avskräckning, har bidragit till en eskalerande situation där kriminella känner sig allt mer ostraffade och där brottsoffer ofta lämnas utan rättvisa.

Mildare straff – en bristande avskräckning

En av de mest omdiskuterade aspekterna av Sveriges kriminalpolitik är de milda straffen, särskilt för unga och för de som är inblandade i gängkriminalitet. Många menar att rättssystemet inte är tillräckligt avskräckande och att brottslingar därför inte fruktar konsekvenserna av sina handlingar. Detta synsätt förstärks i gängmiljöer, där kriminaliteten ofta blir en del av ungdomarnas identitet och där fängelse inte alltid ses som ett nederlag, utan snarare som ett steg mot status och erkännande inom gänget

I mina intervjuer med poliser och socialarbetare framkom att många ungdomar som rekryteras till kriminella nätverk inte ser fängelsestraff som något allvarligt eller avskräckande. En polis beskrev hur unga gängmedlemmar ofta skryter om sina brott och sina korta straff, vilket i deras ögon gör dem mer "hårda", ”coola” och respekterade inom sina kretsar. Denna brist på rädsla för straff gör det svårare för samhället att avskräcka unga från att begå brott.

Socialarbetaren jag intervjuade pekade på att många av de ungdomar som hamnar i kriminalitet växer upp utan att se några reella konsekvenser för sina handlingar. De blir vana vid att få milda straff eller att kunna komma undan med sina brott, vilket gör att de successivt utvecklar en likgiltig inställning till rättssystemet. För dessa ungdomar är brottslighet inte ett undantag, utan en del av deras vardag – och samhällets oförmåga att straffa dem på ett proportionellt sätt bidrar till att förstärka detta synsätt.

Kriminalvårdens roll – vård eller straff?

Kriminalvården i Sverige har traditionellt betonat rehabilitering snarare än bestraffning, med fokus på att ge brottslingar en chans att återintegreras i samhället. Även om detta synsätt är positivt, har det också lett till att många brottslingar inte får tillräckligt kännbara straff för sina handlingar, vilket kan bidra till att de återfaller i brott.

En kriminalvårdare jag talade med beskrev hur många brottslingar, särskilt de som är inblandade i organiserad brottslighet, inte alltid drar nytta av de rehabiliteringsprogram som erbjuds inom kriminalvården. I stället ser de på sin fängelsetid som en möjlighet att bygga vidare på sina kriminella nätverk och planera framtida brott. Detta skapar en ond cirkel där fängelset inte fungerar avskräckande, utan som en plats där brottslingar kan förstärka sina kriminella kopplingar.

Kriminalvården behöver därför reformeras för att bättre balansera mellan rehabilitering och bestraffning. För brottslingar som är villiga att förändra sina liv är rehabilitering avgörande men för de som fortsätter att begå brott måste straffen vara tillräckligt stränga för att avskräcka både dem och andra från att följa samma väg.

Gängkriminalitet och samhällsotrygghet

En annan allvarlig konsekvens av oansvarig kriminalpolitik är den växande gängkriminaliteten och den ökande otryggheten i många av Sveriges storstäder. Gängkriminaliteten har blivit en allt större del av det svenska samhället och de kriminella nätverken har vuxit sig starka på grund av samhällets oförmåga att ingripa tidigt och effektivt.

Gängmedlemmar ofta känner sig ostraffade och att de ser på rättssystemet som svagt säger polisen jag intervjuade. Hon berättade om hur gängen inte bara hotar vanliga medborgare och brottsoffer, utan också poliser och andra samhällsrepresentanter som försöker ingripa mot dem. Detta skapar en miljö där kriminaliteten kan frodas och där invånarna i dessa områden lever i ständig rädsla för våld och repressalier.

En av de största utmaningarna är enligt polisen att många av dessa gängmedlemmar är unga och att de utnyttjas av äldre kriminella på grund av deras mildare straff. Socialarbetaren beskrev hur unga ofta rekryteras till gängen eftersom de inte riskerar samma långa fängelsestraff som vuxna. Detta gör att gängen kan fortsätta sin verksamhet med minimal risk för att de verkliga ledarna straffas.

Otryggheten för brottsoffer

En av de mest tragiska konsekvenserna av oansvarig kriminalpolitik är den otrygghet som brottsoffer ofta tvingas leva med. I ett samhälle där brottslingar får milda straff och där rättssystemet inte alltid prioriterar brottsoffrens behov, blir många offer för våldsbrott, hot och trakasserier lämnade utan den rättvisa och det skydd de förtjänar.

Under mina samtal med både poliser och socialarbetare blev det tydligt att många brottsoffer, särskilt vid gängrelaterade brott, känner sig övergivna av rättssystemet. En polis berättade om ett fall där en familj som utsatts för hot av ett lokalt gäng inte fick tillräckligt stöd från rättsväsendet och socialtjänsten, vilket ledde till att de levde i ständig rädsla för gängens repressalier. Detta är tyvärr inte ett isolerat fall – många brottsoffer känner att rättssystemet är mer fokuserat på att rehabilitera brottslingarna än att ge offren den rättvisa de förtjänar.

Behovet av en mer avskräckande kriminalpolitik

En av de mest grundläggande principerna i rättssystemet är att straff ska vara avskräckande. Straff bör ha en sådan påverkan att det hindrar både den dömda individen och andra från att begå brott. Men i Sverige har straffskalorna gradvis blivit mer milda och i vissa fall till och med reducerats i form av "straffrabatter".

Detta skickar fel signaler till både brottslingar och allmänheten. När ungdomar ser att det inte finns några verkliga konsekvenser för deras handlingar, förlorar de respekten för lagen och rättssystemet. För att vända trenden med ökad kriminalitet och otrygghet krävs det att Sverige inför en mer avskräckande kriminalpolitik. Detta innebär att vi måste införa strängare straff för allvarliga brott, särskilt våldsbrott och gängrelaterad kriminalitet, samt att vi måste säkerställa att brottslingar faktiskt avtjänar sina straff.

Polisen jag intervjuade betonade att straffen måste vara proportionella och att samhället måste skicka en tydlig signal om att kriminalitet inte tolereras. Detta kräver att vi reformerar rättssystemet för att snabbare och mer effektivt hantera brottslighet, samt att vi ger polisen de resurser och verktyg de behöver för att kunna bekämpa gängen på ett kraftfullt sätt.

Ett problem är att unga kriminella som utnyttjar hålen i rättssystemet, vet att de kommer undan med lindriga straff eller omplaceringar till olika vårdinstanser. I stället för att avskräckas, ser de straffsystemet som något de kan manipulera till sin fördel. Detta försvagar rättssystemets förmåga att skapa trygghet i samhället och sänder signalen att brott inte nödvändigtvis leder till rättvisa konsekvenser.

Det är därför viktigt att vi reformerar kriminalvården och inför mer avskräckande straff, särskilt för unga brottslingar som begår grova brott. De måste lära sig att deras handlingar får konsekvenser och att samhället inte tolererar brottsligt beteende.

Lagen ska vara för de som avviker normer och lagen och inte för de som följer den. Den som följer lagen har mycket att förlora på att inte betala en faktura medan en kriminell har ingenting att förlora då alla gränser är passerade utan några konsekvenser.

Sammanfattning kapitel 11: Konsekvenser av oansvarig kriminalpolitik

Den oansvariga kriminalpolitiken, som fokuserat mer på rehabilitering än avskräckning, har bidragit till en ökad kriminalitet och otrygghet i många av Sveriges städer. För att vända denna utveckling krävs att vi reformerar rättssystemet och inför strängare straff för allvarliga brott. Samtidigt måste vi säkerställa att brottsoffer får det skydd och den rättvisa de förtjänar och att samhället skickar en tydlig signal om att kriminalitet inte tolereras.

Genom att kombinera strängare straff med bättre förebyggande åtgärder och rehabilitering kan vi bygga ett tryggare samhälle där brottsoffer och laglydiga medborgare kan känna sig skyddade.

- **Fråga**: Vilka förändringar i kriminalpolitiken tror du skulle ha störst positiv inverkan på samhället?
- **Reflektion**: Fundera på hur milda straff påverkar brottsoffer och samhällets trygghet. Vad kan göras för att förbättra situationen?

Kapitel 12: Strängare straff för att skydda samhällets grundpelare

Frågan om straffets roll i kriminalpolitiken är en av de mest omdebatterade aspekterna av rättssystemet. Det diskuteras om straffen i Sverige är tillräckligt avskräckande för att minska brottsligheten och om de brott som begås verkligen får proportionella konsekvenser. Detta kapitel fokuserar på hur strängare straff, särskilt för våldsbrott och gängkriminalitet, kan bidra till att skydda samhällets grundpelare – de individer och institutioner som håller samhället samman.

Vikten av proportionella straff

Ett centralt begrepp i kriminalpolitik är idén om proportionella straff. Straffet ska spegla brottets allvar och ge brottsoffret en känsla av rättvisa.

Många av de brott som skapar mest skada i samhället, såsom våldsbrott, hot mot tjänstemän och gängkriminalitet, har konsekvenser som sträcker sig långt utöver de omedelbara offren. De påverkar hela samhällets trygghet och stabilitet.

En polis jag talade med betonade att många brottsoffer och deras familjer känner att rättssystemet inte skyddar dem tillräckligt. De upplever att kriminella ofta får för milda straff och att återfall är vanligt, vilket gör att de inte känner sig trygga. För att rättssystemet ska fungera som en verklig avskräckning krävs det att straffen inte bara är rehabiliterande, utan också tillräckligt stränga för att ge en tydlig signal om att samhället inte tolererar kriminalitet

Hot mot tjänstemän och samhällets stabilitet

Ett särskilt allvarligt problem som har ökat i omfattning är hot och våld mot tjänstemän som arbetar inom polisen, skolan och socialtjänsten. Dessa individer är inte bara offentliga tjänstemän, utan de är också de första försvarslinjerna mot kriminalitet och sociala problem. När de attackeras eller hotas undermineras hela samhällets struktur.

Under min tid som socialsekreterare såg jag hur kollegor ibland hotades av individer som motsatte sig beslut eller åtgärder som fattades för att skydda barn eller förebygga kriminalitet. En socialarbetare jag intervjuade berättade om hur hon och hennes kollegor upplevde att hot från ungdomar och deras familjer blev allt vanligare vilket skapade en känsla av otrygghet i arbetet. Hoten var ofta relaterade till insatser för att hålla ungdomar borta från kriminella nätverk och i vissa fall ledde hoten till att socialarbetare drog sig undan från viktiga fall av rädsla för repressalier.

Liknande utmaningar finns för poliser och lärare som också är i frontlinjen när det gäller att hantera unga kriminella. En polis jag talade med beskrev hur gängmedlemmar inte bara hotar polisen, utan också deras familjer, för att avskräcka dem från att utföra sina jobb. Detta skapar en farlig situation där samhällsfunktioner undergrävs och brottslingar får ett övertag.

Man kan se på sociala medier, särskilt Tiktok, hundratals klipp där polis filmas och hotas av unga som skriker "knulla hans mamma", ”vi ska peppra ditt hus" eller ”ta horungen”. Det är en skrämmande verklighet där tjänstemän ständigt lever under hot, bara för att de försöker upprätthålla lag och ordning.

Ett annat exempel är när poliser hotas av unga som skriker "vi vet var dina barn går på dagis". Trots detta är det få poliser som anmäler hoten. "Vi har inte samhällets uppbackning i ryggen som vi skulle vilja ha och får ofta höra i domstolar att det här ska poliser tåla," säger Erik Hiding, ordförande för Polisförbundet i Örebro (Sveriges Radio, n.d.).

För att skydda samhällets grundpelare är det avgörande att införa strängare straff för hot och våld mot tjänstemän. Om samhällets företrädare inte kan utföra sina uppgifter utan att riskera sin egen säkerhet, kommer hela systemet att försvagas. Strängare straff för dessa typer av brott är därför en nödvändig åtgärd för att upprätthålla lag och ordning.

Avskräckande effekter av längre fängelsestraff

Det finns en pågående debatt om huruvida längre fängelsestraff har en avskräckande effekt på brottslighet. Många forskare hävdar att strängare straff inte nödvändigtvis leder till minskad brottslighet, medan andra argumenterar för att hårdare påföljder, särskilt för återfallsförbrytare och gängmedlemmar, kan förhindra att de fortsätter med sin kriminella verksamhet.

Socialarbetaren jag intervjuade pekade på att vissa ungdomar ser kortare fängelsestraff som en del av livet och till och med som ett slags "märke av ära." Detta gäller särskilt i gängmiljöer, där fängelsetid inte alltid ses som något negativt utan snarare som ett steg på vägen till högre status inom gänget. För dessa ungdomar skulle längre straff kunna ha en mer avskräckande effekt, eftersom det skulle innebära längre tidsperioder där de är isolerade från sina nätverk och där de tvingas reflektera över sina handlingar.

Polisen jag talade med betonade också vikten av längre straff för de mest allvarliga brotten, särskilt de som rör våld och organiserad brottslighet. De menade att strängare straff kan ge samhället en längre tid av skydd från farliga individer, samtidigt som det ger myndigheter mer tid att arbeta med förebyggande åtgärder för att förhindra återfall.

Kritik mot strängare straff och påståenden om en "polisstat"

Kritiker av strängare straff menar att en hårdare kriminalpolitik kan leda till en så kallad "polisstat", där övervakning och repression blir de främsta medlen för att kontrollera brottsligheten. Denna kritik grundar sig på en rädsla för att samhället ska bli alltför kontrollerande och att individens frihet ska inskränkas.

Svaret på denna kritik måste dock vara att ett samhälle som skyddar sina medborgare inte är detsamma som en polisstat. Så länge rättssystemet fungerar rättvist och transparent och så länge individer som inte bryter mot lagen kan leva sina liv fritt, finns det inget motsägelsefullt med att upprätthålla hårdare straff för dem som hotar samhällets stabilitet.

En ungdom jag intervjuade uttryckte det på följande sätt: "Så länge jag inte begår brott, så länge jag inte säljer droger eller vapen, har jag inget att oroa mig för. Jag välkomnar en striktare ordning med öppna armar, för jag har ingenting att dölja." Detta perspektiv betonar att de strängare straffen är till för att skydda dem som följer lagen och att de som inte bryter mot lagen inte har något att frukta.

En vanlig invändning mot dessa förslag är alltså att de kan leda till ett "polisstatssamhälle", där medborgarnas friheter inskränks och där polisen får för mycket makt. Men denna oro bygger ofta på en missuppfattning om vad förslagen faktiskt innebär.

Svaret till de som oroar sig för en polisstyrning är enkelt: "Nej”. Poängen med dessa åtgärder är inte att begränsa friheten för laglydiga medborgare, utan att skapa en säkrare miljö för samhället genom att hålla kriminella individer ansvariga för sina handlingar.

Vidare innebär hårdare tag inte en total övervakning av medborgarna, utan snarare att de individer som medvetet väljer en kriminell bana får möta strängare konsekvenser. Om samhället inte agerar nu för att bekämpa den växande kriminaliteten, kommer vi att fortsätta se en eskalerande våldsspiral som skadar både brottsoffer och de som arbetar med att bekämpa brottsligheten.

Den danska modellen

Danmark har i 20–25 år arbetat systematiskt i utsatta områden med att samordna utbildningsvägledning, arbetsträning och stöd för sårbara unga och deras familjer. Man erbjuder fritidsjobb för att unga ska tjäna egna pengar och ordnar grupper för mammor och pappor, i samarbete med bostadsföretag, socialtjänst och polis. Kostnaderna är stora men vad är alternativet? I Sverige saknas ofta denna typ av samarbete och kunskap om dess betydelse.

De senaste åren har debatten om kriminalitet och brottsbekämpning i Sverige ofta jämförts med den så kallade "danska modellen". Danmark har fått uppmärksamhet för sin tuffa hållning mot kriminalitet, särskilt när det gäller gängkriminalitet och ungdomsbrottslighet. Många har föreslagit att Sverige borde anamma vissa delar av den danska modellen för att komma till rätta med den ökande brottsligheten. Men vad innebär egentligen den danska modellen och skulle den fungera i Sverige?

Den danska modellen för bekämpning av brottslighet kännetecknas av en tuffare hållning mot kriminella. Regeringen och rättsväsendet i Danmark har infört flera åtgärder som syftar till att både avskräcka och straffa kriminella, särskilt de som är inblandade i organiserad brottslighet. Några av de viktigaste inslagen i modellen är:

- Skärpta straff: Danmark har infört hårdare straff för vissa typer av brott, särskilt gängrelaterade brott och våldsbrott. Fängelsestraffens längd har ökat och det finns en tydlig avsikt att signalera att brott inte tolereras.

- Hot mot tjänsteman: Danmark har infört hårdare straff för hot och våld mot tjänstemän som en del av deras strategi för att skydda offentliganställda och minska hot och våld på arbetsplatser. Skärpta straff innebär att även subtila hot och trakasserier omfattas av lagstiftningen.

- Förbudszoner för gäng: I vissa områden, särskilt där det förekommer mycket gängaktivitet, har Danmark infört så kallade "forbudszoner" där personer som tillhör kriminella nätverk förbjuds att vistas. Detta syftar till att hindra gängmedlemmar från att kunna kontrollera eller påverka specifika områden.

Sverige har infört så kallade ”visitationszoner”, skillnaden är att Danmarks forbudszoner förbjuder kända gängmedlemmar från att vistas i specifika områden. Medan Sveriges visitationszoner ger polisen rätt att visitera personer och fordon utan konkret misstanke om brott i områden med hög risk för våldsbrott.

- Fler poliser och resurser till polisen: Danmark har satsat på att öka antalet poliser och ge polisen bättre resurser för att kunna bekämpa brott. Detta har inneburit fler patruller och en högre närvaro i problemområden.

- Säkerhetsåtgärder mot unga brottslingar: Unga som begår brott hanteras striktare i Danmark jämfört med i Sverige. Ungdomsfängelser och institutioner har högre säkerhet och det finns en tydligare inriktning på att straffa snarare än att enbart rehabilitera unga brottslingar.

Jämförelse med den svenska modellen

Den svenska modellen för brottsbekämpning har en mer rehabiliterande inriktning än den danska. I Sverige betonas vikten av att ge brottslingar en andra chans och att fokusera på rehabilitering och återintegrering i samhället. Även om straffen har skärpts något på senare år, är de generellt sett kortare än i Danmark och många kriminella kan räkna med att få villkorlig frigivning eller straffrabatter.

I Sverige lägger man också stor vikt vid sociala insatser för att förhindra kriminalitet, särskilt bland unga. Det innebär satsningar på socialtjänsten, skolan och olika förebyggande projekt för att nå barn och ungdomar innan de hamnar i kriminalitet. Medan det i Danmark är vanligare att ungdomar sätts på ungdomsanstalter, satsar Sverige mer på "mjuka" åtgärder som ungdomshem och frivård.

I Danmark har man sedan 1970-talet byggt upp ett samarbete mellan skola, socialtjänst och polis, där sekretess mellan aktörer har brutits för ungdomarnas bästa. I Sverige är det mer valfritt och lokalt, vilket har lett till ojämlikhet i hur ungdomsbrottslighet förebyggs. Polisen och skolan i Sverige ser också värdet i att bryta sekretessen, medan socialtjänsten håller fast vid gamla strukturer från 1980-talet. Men föräldrarna bär fortfarande det största ansvaret och de som inte klarar av det bör få stöd genom föräldraskapsprogram.

Fördelar med den danska modellen

1. Tydligare avskräckning: Genom att införa hårdare straff och visa nolltolerans mot kriminalitet, skapar Danmark en tydlig avskräckande effekt. Detta kan minska benägenheten för unga att dras in i kriminella nätverk och skicka en tydlig signal om att brott inte tolereras.

2. Skydd av offentliganställda: Danmark har infört hårdare straff för hot och våld mot tjänstemän som en del av deras strategi för att skydda offentliganställda och minska hot och våld på arbetsplatser. Skärpta straff innebär att även subtila hot och trakasserier omfattas av lagstiftningen, så att offentliganställda kan utföra sina jobb utan att känna sig otrygga.

3. Snabbare och mer beslutsamt agerande: Den danska modellen har visat sig vara snabbare för att ta itu med brottsproblem, särskilt i gängtäta områden. Förbudszonerna har bidragit till att minska gängens inflytande i vissa delar av landet.

4. Bättre kontroll över problemområden: Genom att öka polisens närvaro och resurser och genom att införa särskilda åtgärder i områden med hög kriminalitet, har Danmark kunnat återta kontrollen över flera problemområden där kriminella tidigare haft stort inflytande.

Nackdelar med den danska modellen

1. Mindre fokus på rehabilitering: Ett av de största problemen med den danska modellen är att den i högre grad fokuserar på straff än på rehabilitering. Detta kan leda till att brottslingar, särskilt unga, inte får den hjälp de behöver för att kunna bryta den kriminella banan.

2. Stigande återfallsfrekvens: Hårdare straff utan tillräckligt fokus på rehabilitering kan leda till att fler kriminella återfaller i brott efter avtjänat straff. Detta har visat sig vara ett problem i flera länder med strängare straffsystem.

3. Risk för överdriven repression: Kritiker menar att den danska modellen ibland kan vara för repressiv och riskerar att skapa en känsla av utanförskap hos vissa grupper i samhället, vilket i sin tur kan leda till att kriminaliteten ökar.

Kan den danska modellen fungera i Sverige?

Att införa "danska modellen" i Sverige skulle innebära stora förändringar i hur vi ser på kriminalitet och straff. Danmark har infört hårdare straff för hot och våld mot tjänstemän, samt skärpta straffzoner och dubbelbestraffning för gängkriminella. Dubbelbestraffning innebär att gängkriminella kan få strängare straff för sina brott och att de kan straffas på flera olika sätt för samma brott, till exempel både fängelsestraff och restriktioner som hindrar dem från att vistas i vissa områden. Många skulle hävda att Sverige, med sitt fokus på rehabilitering och förebyggande insatser, inte är redo för en så pass hård linje. Men jag anser att Sverige står inför så stora problem med gängkriminalitet och våld att en tuffare hållning är nödvändig.

Fördelarna med att införa delar av den danska modellen i Sverige skulle kunna vara att vi snabbare kan få bukt med gängkriminaliteten och att vi skickar en tydligare signal om att brott inte tolereras. Danmark har visat att en kombination av hårdare straff och effektiva polisiära insatser kan minska gängens inflytande i utsatta områden. Men för att detta ska fungera måste det kombineras med en fortsatt satsning på sociala insatser och rehabilitering, särskilt för unga brottslingar. Sveriges nuvarande system med sociala insatsgrupper och ungdomsvård fokuserar på att erbjuda stöd och hjälp för att förebygga framtida brott.

Danmark har också satsat betydande resurser på att bekämpa kriminalitet. De har infört flera "bandepakker" (gängpaket) som innehåller både restriktiva och förebyggande åtgärder. Dessa åtgärder inkluderar ökad polisnärvaro, förbättrade resurser för socialtjänsten och långsiktiga planer för att minska kriminaliteten. Denna långsiktiga planering har varit en viktig del av Danmarks strategi för att hantera gängkriminalitet och har pågått under många år.

En balanserad strategi som inkluderar både hårdare straff och omfattande sociala insatser skulle kunna vara nyckeln till att effektivt bekämpa gängkriminaliteten i Sverige. Det är viktigt att säkerställa att de åtgärder som införs inte bara avskräcker från brott utan också erbjuder möjligheter till rehabilitering och återanpassning för de som vill lämna det kriminella livet bakom sig.

Psykologiskt stöd och välmående

För att skapa en balanserad kriminalpolitik är det viktigt att inte bara fokusera på strängare straff, utan också på psykologiskt stöd och välmående för både föräldrar och barn. Här är några sätt att integrera psykologiskt stöd i arbetet med att förebygga kriminalitet:

- **Traumabehandling**: Ungdomar som hamnar i kriminalitet har oftast upplevt trauma. Genom att erbjuda traumabehandling kan vi hjälpa dem att bearbeta sina upplevelser och minska risken för att de återfaller i brottsligt beteende.
- **Psykologiskt stöd för föräldrar**: Föräldrar som kämpar med stress, ångest eller andra psykiska problem kan ha svårt att vara närvarande och stödjande för sina barn. Genom att erbjuda psykologiskt stöd till föräldrar kan vi hjälpa dem att hantera sina egna utmaningar och bli bättre föräldrar.
- **Emotionell intelligens**: Utveckling av emotionell intelligens hos både föräldrar och barn kan bidra till bättre kommunikation och förståelse inom familjen. Använd övningar som att identifiera och uttrycka känslor på ett hälsosamt sätt.
- **Stresshantering**: Praktisera mindfulness, meditation eller fysisk aktivitet för att hantera stress och förbättra välmåendet. Detta kan hjälpa både föräldrar och barn att hantera vardagens utmaningar på ett mer konstruktivt sätt.

Genom att kombinera strängare straff med psykologiskt stöd och välmående kan vi skapa en mer holistisk och effektiv kriminalpolitik som inte bara avskräcker från brott, utan också hjälper individer att återintegreras i samhället på ett positivt sätt.

Sammanfattning kapitel 12: Strängare straff för att skydda samhällets grundpelare

Strängare straff för våldsamma och organiserade brott är en nödvändig del av kriminalpolitiken för att skydda samhället och upprätthålla lag och ordning. Genom att införa längre fängelsestraff och kraftfulla påföljder för hot mot tjänstemän och andra nyckelpersoner i samhället kan vi skapa en miljö där brottsligheten minskar och där rättsstaten står stark.

Men dessa straff måste åtföljas av förebyggande insatser och rehabilitering för att säkerställa att individer har en chans att återintegreras i samhället. En balanserad kriminalpolitik är en politik som både skyddar samhällets trygghet och erbjuder vägar ut ur kriminaliteten för de som är villiga att förändra sitt liv.

Den danska modellen erbjuder en mer tuff och avskräckande metod för att bekämpa brottslighet, medan den svenska modellen har ett starkare fokus på rehabilitering och sociala insatser. Båda modellerna har sina för- och nackdelar och det skulle krävas stora förändringar i Sveriges rättssystem för att fullt ut implementera den danska modellen. Men genom att hitta en balans mellan dessa två modeller skulle Sverige kunna skapa ett mer effektivt och rättvist system för att bekämpa kriminaliteten.

- **Fråga**: Hur kan strängare straff balanseras med behovet av rehabilitering och återintegrering?

- **Reflektion**: Tänk på en gång när du har sett eller hört om hot mot tjänstemän. Vad kan göras för att bättre skydda dessa individer?

Kapitel 13: Sociala band, socialt stöd och SAT som avgörande faktorer för att förebygga kriminalitet

Socialt stöd, sociala band och SAT

Socialt stöd, sociala band och SAT är de mest avgörande faktorerna för att förebygga kriminalitet och främja en positiv utveckling hos ungdomar. SAT kompletterar förståelsen av sociala band genom att betona hur individens moraliska uppfattningar och den omgivande miljön påverkar beslutet att begå brott. Brott är med det synsättet ett resultat av en interaktion mellan individens moraliska uppfattningar och de situationella faktorer de befinner sig, i enligt Wikstörm (2010; 2017). Beteende och inlärning, såsom betingningsteorin och reciprok determinism spelar också en viktig roll i hur dessa sociala band formas och stärks. Här är några sätt att stärka socialt stöd, SAT och sociala band:

Familjestöd: Föräldrar är den primära källan till socialt stöd. Barn och ungdomar som växer upp i miljöer där föräldrarna är närvarande, engagerade och erbjuder känslomässigt och praktiskt stöd har en betydligt lägre risk att hamna i kriminalitet. Genom att ge sina barn trygghet och stabilitet i hemmet kan föräldrarna hjälpa dem att utveckla en stark självbild och en känsla av ansvar gentemot både sig själva och samhället. Alternativet är att erbjuda föräldrautbildningar och stödgrupper för att hjälpa föräldrar att bli mer närvarande och engagerade i sina barns liv. Betingningsteorin visar hur föräldrar kan forma sina barns beteenden genom belöning och bestraffning, medan reciprok determinism förklarar hur föräldrarnas beteenden och attityder påverkar barnens utveckling genom ömsesidig påverkan. SAT betonar att starka moraliska uppfattningar, som formas av föräldrar och andra vårdare, minskar benägenheten att begå brott.

Föräldrar kan påverka sina barns moraliska utveckling genom att vara goda förebilder och skapa en miljö som främjar positiva värderingar. Genom att erbjuda stöd och vägledning till föräldrar kan vi hjälpa dem att skapa en miljö där deras barn utvecklar starka moraliska uppfattningar och undviker destruktiva beteenden

Min egen erfarenhet som socialsekreterare har visat hur avgörande föräldraengagemang är för att förebygga kriminalitet. Jag minns en mor jag arbetade med, som hade två tonårssöner. De började umgås i fel kretsar i sitt bostadsområde och hon visste inte hur hon skulle hantera situationen. Hon kände sig maktlös. Genom att hon erbjöds stöd och vägledning, både känslomässigt och praktiskt, kunde hon återta kontrollen över sina barns situation och hjälpa dem att dra sig ur den destruktiva miljön.

Beteende och inlärning är viktiga aspekter av hur barn utvecklar sina sociala färdigheter och beteenden. Betingningsteorin, utvecklad av Ivan Pavlov och vidareutvecklad av B.F. Skinner, beskriver hur beteenden lärs in genom upprepade erfarenheter av belöning och bestraffning. Klassisk betingning innebär att ett barn lär sig associera en viss händelse med en specifik reaktion. Till exempel kan barn lära sig associera sitt namn med uppmärksamhet eller bestraffning beroende på hur föräldrarna använder det. Operant betingning innebär att beteenden som ger tillfredsställelse kommer att upprepas, medan beteenden som orsakar obehag inte kommer att upprepas. Konsekvenserna av beteendet är avgörande för hur individen kommer att agera i liknande situationer i framtiden.

Ett exempel från min tid som handledare på ett HVB-hem involverade en ung pojke som hade svårt att följa reglerna på boendet. Genom att belöna honom varje gång han följde en regel och gradvis öka kraven, lyckades vi positivt forma hans beteende. Denna metod är ett konkret exempel på hur betingningsteorin kan tillämpas i praktiken för att förändra beteenden.

Reciprok determinism, ett begrepp utvecklat av Bandura, beskriver hur individens beteende, personliga faktorer och miljön samspelar och påverkar varandra. Enligt denna teori sker mänsklig utveckling genom en interaktion mellan individ, beteende och omgivande miljö. Bandura menar att mänskliga beteenden lärs in genom att observera andra och att dessa beteenden kan användas i olika situationer. Reciprok determinism innebär att individens beteende påverkas av egna personliga faktorer och omgivningen, samt att individens beteende och omgivning kan påverka personliga faktorer.

Ett exempel på reciprok determinism är hur barn lär sig sociala beteenden genom att observera sina föräldrar och andra vuxna. Om föräldrarna visar positiva beteenden, som att vara hjälpsamma och respektfulla, är det troligt att barnen kommer att efterlikna dessa beteenden. Omvänt, om föräldrarna visar negativa beteenden, som att vara aggressiva eller oärliga, kan barnen också ta efter dessa beteenden.

Skolstöd: Skolan är en annan central källa till socialt stöd för barn och ungdomar. Det är i skolan som de tillbringar större delen av sin tid, utvecklar sociala färdigheter och lär sig att hantera olika utmaningar. Lärare, skolkuratorer och andra former av skolpersonal spelar en viktig roll i att identifiera ungdomar som befinner sig i riskzonen och erbjuda dem det stöd de behöver för att lyckas både akademiskt och socialt. Skolan kan också använda principerna från betingningsteorin för att förstärka positiva beteenden och minska negativa beteenden hos eleverna.

Kuratorn jag intervjuade beskrev hur skolans roll som en stödjande institution har blivit allt viktigare i takt med att fler ungdomar lever i osäkra hemförhållanden. Hon betonade att många ungdomar som är på väg att hamna i kriminalitet har föräldrar som inte har förmågan att ge dem tillräckligt stöd och att skolan därför måste ta på sig en större del av ansvaret. Genom att erbjuda mentorprogram, psykologiskt stöd och fritidsaktiviteter kan skolan ge dessa ungdomar en positiv struktur och känsla av tillhörighet.

Samhällsstöd: Socialtjänst, rättsväsende och andra samhällsinstitutioner kan erbjuda stöd till både ungdomar och deras familjer. Genom att arbeta tillsammans med skolan och familjen kan dessa institutioner skapa en helhetssyn på ungdomarnas situation och erbjuda samordnade insatser. Reciprok determinism betonar vikten av att dessa institutioner arbetar tillsammans för att skapa en miljö där positiva beteenden förstärks och negativa beteenden minskar.

Under min tid som socialsekreterare såg jag hur viktigt det var att skapa ett starkt samarbete mellan olika samhällsaktörer för att hjälpa ungdomar som riskerade att hamna i kriminalitet. Genom att samordna insatser mellan socialtjänst, skola och polis kunde vi erbjuda ungdomarna ett helhetsstöd som inkluderade både praktisk hjälp, som att få ordning på sin skolgång och känslomässigt stöd, genom kuratorer och mentorer. Denna typ av samordnade insatser är avgörande för att förhindra att ungdomar faller igenom systemet och dras in i kriminalitet.

Vikten av sociala nätverk och gemenskap

Förutom det formella stödet från familj och samhällsinstitutioner är också informella sociala nätverk viktiga för att förebygga kriminalitet. När ungdomar känner sig delaktiga i ett större sammanhang, som exempelvis en fritidsaktivitet eller ett idrottslag, minskar risken för att de ska dras till destruktiva miljöer. Dessa typer av sociala nätverk ger inte bara en känsla av tillhörighet, utan erbjuder också positiva förebilder och en struktur som kan hjälpa ungdomar att utveckla självförtroende och ansvar. Här är några exempel på hur dessa nätverk kan stödja ungdomars utveckling:

Idrottslag: Deltagande i idrottslag kan ge ungdomar känsla av gemenskap och tillhörighet. Det kan också främja fysisk aktivitet och hälsa. Genom att använda betingningsteorin kan tränare belöna positiva beteenden och förstärka laganda och samarbete.

Fritidsaktiviteter: Fritidsaktiviteter som musik, konst och teater kan ge ungdomar en kreativ verktygslåda och hjälpa dem att utveckla nya färdigheter. Dessa aktiviteter kan också fungera som en plattform för att observera och lära sig positiva beteenden från andra, vilket är en central del av reciprok determinism.

Socialt stöd är en av de mest avgörande faktorerna för att förebygga ungdomsbrottslighet och främja en positiv utveckling hos individer i riskzonen. Det handlar inte bara om stöd från familj och vänner, utan även om stöd från samhällets olika institutioner – som skola, socialtjänst och rättsväsende. Genom att skapa starka nätverk av socialt stöd kan vi ge ungdomar verktygen att hantera de utmaningar de ställs inför och minska risken för att de hamnar i kriminalitet.

Samhällsstöd genom riktade insatser

För att effektivt förebygga kriminalitet är det viktigt att samhället erbjuder riktade insatser till de ungdomar och familjer som befinner sig i störst risk. Det kan innebära att man erbjuder föräldrautbildningar, mentorprogram, psykologiskt stöd och ekonomiskt bistånd för att hjälpa familjer som kämpar med att ge sina barn den struktur och det stöd de behöver.

Exempel på detta är samhällsorienteringskurser och föräldrautbildningar som erbjuds av Malmö stad. Genom att utbilda föräldrarna i hur samhället fungerar och vilka resurser som finns tillgängliga kan man ge dem de verktyg som behövs för att bättre kunna stödja sina barn. Under min tid som socialsekreterare såg jag hur dessa kurser hjälpte många föräldrar att förstå sina rättigheter och skyldigheter och hur de kunde använda den kunskapen för att skapa en tryggare och mer strukturerad hemmiljö.

Föräldrarnas roll i teorin om sociala band

Allt hänger ihop – varje socialt band påverkar och påverkas av de andra. En svaghet i ett område kan sprida sig till fler aspekter av en individs liv. Föräldrar spelar en avgörande roll i att stärka dessa band och skapa förutsättningar för ett tryggt och stabilt liv för sina barn.

Anknytning – individens relationer till familj, skola och vänner. Goda relationer främjar en känsla av ansvar gentemot andra och minskar sannolikheten för normbrytande beteenden. Ungdomar med svaga familjeband, ofta på grund av socioekonomiska faktorer eller brist på integration, löper högre risk att dras in i kriminalitet. Här spelar föräldraskapet en avgörande roll. Föräldrar är grundpelaren som kan förhindra att barn hamnar i kriminalitet, genom att skapa trygghet och vägledning.

Åtagande – investering i framtida mål, som utbildning och arbete. När en individ har lagt tid och energi på att bygga en framtid, minskar viljan att riskera detta genom brottsliga handlingar. Även här börjar det med föräldrarna, som genom planering och stöd förbereder barnet för framtiden och hjälper barnet att sätta upp långsiktiga mål.

Delaktighet – engagemang i positiva samhällsaktiviteter, som skola, fritidsaktiviteter och föreningsliv. En person som är aktiv i sunda sammanhang har mindre tid och motivation att engagera sig i kriminalitet. Föräldrar har en avgörande roll även här. När de själva känner sig delaktiga i sina barns liv kommer det att uppmuntra dem att delta i aktiviteter som gynnar deras utveckling och stärker deras sociala band.

Övertygelse – individens tro på lagar och samhälleliga normer. Den som accepterar och respekterar samhällets regler är mindre benägen att bryta mot dem. Detta är den mest avgörande pelaren; barn gör inte som du säger, utan som du gör. Om föräldrar saknar tilltro till lagar och samhälleliga normer kommer barnen att spegla denna attityd. Detta riskerar att gå i arv från generation till generation om föräldrar inte känner sig som en del av samhället eller saknar förtroende för rättssystemet och svenska normer.

Föräldrars engagemang och förebildsroll är därför den enskilt viktigaste faktorn för att skapa starka sociala band och förebygga kriminalitet. När föräldrar tar ansvar, skapas stabilitet i barnens liv och deras chans att integreras i samhället ökar avsevärt.

Vi ska inte heller glömma att använda oss av konsekvenspedagogik, som betonar ansvar, konsekvenser och självständigt tänkande hos barn och ungdomar. Den bygger på principen att individer lär sig genom att förstå sambandet mellan sitt eget beteende och de naturliga eller logiska konsekvenserna av detta. I stället för att straffa oönskat beteende, fokuserar denna metod på att låta personen uppleva följderna av sitt agerande.

Föräldrar kan använda konsekvenspedagogik för att stärka sociala band och förebygga kriminalitet genom att låta sina barn uppleva de naturliga konsekvenserna av sina handlingar. Till exempel, om ett barn inte gör sina läxor kan konsekvensen vara att de inte får delta i en rolig aktivitet tills läxorna är gjorda. Genom att använda denna metod lär sig barnen att deras handlingar får konsekvenser och att de måste ta ansvar för sina val. Detta stärker deras ansvarstagande och självständiga tänkande, vilket är avgörande för att utveckla starka sociala band.

Skolor kan implementera konsekvenspedagogik för att stödja elevernas utveckling och skapa en trygg och stödjande miljö. Till exempel; om en elev stör i klassrummet, kan konsekvensen vara att de får sitta längst fram och arbeta nära läraren. Genom att använda denna metod lär sig eleverna att deras beteende påverkar deras lärande och att de måste ta ansvar för sina handlingar. Detta bidrar till att skapa en positiv skolmiljö där eleverna känner sig sedda och stöttade, vilket minskar risken för att de söker sig till kriminella grupper för bekräftelse.

Samhällsinstitutioner som socialtjänst och rättsväsende kan använda konsekvenspedagogik för att stödja ungdomar och deras familjer. Till exempel, om en ungdom begår ett brott, kan konsekvensen vara att de måste delta i samhällstjänst och reflektera över sina handlingar. Genom att använda denna metod lär sig ungdomarna att deras handlingar får konsekvenser och att de måste ta ansvar för sina val. Detta bidrar till att skapa starka sociala band och förebygga kriminalitet genom att ge individer de verktyg de behöver för att förstå och ta ansvar för sina handlingar.

Sammanfattning kapitel 13: Sociala band och socialt stöd som grundpelare för att förebygga kriminalitet

Socialt stöd är en av de mest avgörande faktorerna för att förebygga kriminalitet och främja en positiv utveckling hos ungdomar.

Genom att skapa starka nätverk av stöd, både inom familjen och genom samhällsinstitutioner, kan vi ge ungdomar verktyg som behövs för att hantera utmaningar de möter och minska risken för att dras in i kriminalitet.

Det är viktigt att förstå att socialt stöd inte bara handlar om att ge omedelbar hjälp, utan om att bygga långsiktiga relationer och strukturer som ger individer en känsla av tillhörighet och mening. Genom att satsa på både formella och informella stödstrukturer kan vi skapa ett starkare samhälle där ungdomar har bättre möjligheter att utvecklas till ansvarstagande och produktiva medborgare.

Föräldrar spelar en avgörande roll i att stärka sociala band och skapa förutsättningar för ett tryggt och stabilt liv för sina barn. Starka relationer till familj, skola och vänner minskar risken för normbrytande beteenden, medan investering i framtida mål, som utbildning och arbete, minskar viljan att riskera detta genom brottsliga handlingar. Engagemang i positiva samhällsaktiviteter ger mindre tid och motivation för kriminalitet och en stark tro på lagar och samhälleliga normer minskar benägenheten att bryta mot dem. Föräldrars engagemang och förebildsroll är därför den enskilt viktigaste faktorn för att skapa starka sociala band och förebygga kriminalitet. När föräldrar tar ansvar, skapas stabilitet i barnens liv och deras chans att integreras i samhället ökar avsevärt.

Genom att förstå dessa psykologiska och kriminologiska teorier och hur de påverkar individens utveckling kan vi bättre stödja föräldrar i deras roll och hjälpa dem att skapa en miljö där deras barn kan utvecklas på ett positivt sätt. Detta är avgörande för att förebygga kriminalitet och främja en trygg och stabil framtid för våra barn och ungdomar. Att använda konsekvenspedagogik av föräldrar, skolor och samhällsinstitutioner kan hjälpa barn och ungdomar att utveckla ansvarstagande, självständigt tänkande och inre motivation. Detta bidrar till att skapa starka sociala band och förebygga kriminalitet genom att ge individer de verktyg som behövs för att förstå och ta ansvar för sina handlingar.

- **Fråga**: Vilka sociala nätverk är viktigast för dig och hur kan du stärka dem?
- **Reflektion**: Reflektera över hur socialt stöd har påverkat ditt liv. Vad kan du göra för att erbjuda stöd till andra i din gemenskap?

Kapitel 14: Att bygga ett starkare samhälle genom föräldraansvar

Föräldraansvar är nyckeln till att bygga ett starkare och mer stabilt samhälle. Som tidigare nämnts är det avgörande att föräldrar tar sitt ansvar och får det stöd /de verktyg som behövs för att lyckas med sitt föräldraskap. Genom att erbjuda utbildning, stöd och samhällsorientering kan samhället hjälpa föräldrar att ta sitt ansvar och ge sina barn de bästa möjliga förutsättningarna för att lyckas i livet.

Föräldraansvar och dess påverkan på barnens utveckling

Föräldraansvar är en av de mest avgörande faktorerna för att forma barnens framtid. Genom att vara närvarande, engagerade och stödjande kan föräldrar skapa en stabil grund för sina barn att växa upp på. När föräldrar tar sitt ansvar och aktivt arbetar för att stärka sina barns sociala band, ökar chanserna för att barnen ska utvecklas till ansvarstagande och produktiva medborgare.

Att rusta föräldrar för framtiden

Som ett gammalt ordspråk säger: "Bästa sättet att uppfostra barn är att skaffa de goda föräldrar." Detta betyder att samhället måste göra mer för att rusta föräldrar för den viktiga uppgiften att uppfostra sina barn. Genom utbildning, stöd och insatser kan föräldrar få verktygen de behöver för att fostra framgångsrika, ansvarstagande barn. Detta är inte bara för föräldrarnas skull, utan för hela samhällets. När föräldrar är starka och engagerade, är det mer sannolikt att deras barn blir framgångsrika och undviker de faror som kriminalitet och andra former av destruktiva livsstilar innebär.

Föräldrar utgör den grund som barnens liv byggs på. Om föräldrarna är närvarande, engagerade och stöttande, kommer barnen att ha en stabil grund att stå på. Men om föräldrarna misslyckas med sitt ansvar, kommer barnens liv att byggas på en svag grund, vilket gör dem mer sårbara för livets utmaningar.

Det är därför avgörande att vi som samhälle gör allt vi kan för att stödja och utbilda föräldrar, så att de kan bygga den starkaste möjliga grunden för sina barns framtid. Detta stöd kan komma i form av obligatoriska samhällsorienteringskurser, psykologisk vägledning, socialt stöd och tidiga insatser i barnens liv. Men det viktigaste är att vi ställer krav på föräldrar att ta sitt ansvar.

Krav på föräldraansvar – ingen annan kan fylla denna roll

Det är i hemmen våra värderingar formas, våra relationer tar form och vår känsla av samhörighet grundläggs. Inga samhällsinsatser kan helt ersätta den kraft som finns i en trygg och kärleksfull uppväxt. När vi stärker hemmen, stärker vi hela samhället – från grunden. Oavsett hur mycket resurser vi ger skolan, socialtjänsten, polisen eller andra samhällsaktörer, kan det aldrig ersätta föräldrarna fullt ut.

Föräldrar är barnens första och viktigaste förebilder och det är deras ansvar att forma sina barns beteenden, värderingar och framtida val. När föräldrar misslyckas med detta får samhället betala priset i form av ökad kriminalitet, drogmissbruk och socialt utanförskap. Men vi kan inte bara förvänta oss att föräldrar automatiskt ska veta hur de ska uppfostra sina barn på bästa sätt. Det är här samhällsstödet kommer in.

Genom att erbjuda utbildning, stöd och vägledning kan vi hjälpa föräldrar att ta sitt ansvar och ge sina barn de bästa möjliga förutsättningarna för att lyckas i livet.

Ett samhälle byggt på samverkan mellan föräldrar och samhällsaktörer

Föräldrar kan inte ensamma bära ansvaret för sina barns framtid. De behöver samhällets stöd. Men det krävs också att samhällets olika aktörer – som skolan, socialtjänsten och polisen – arbetar tillsammans med föräldrarna för att skapa en helhet.

När människor kommer samman och arbetar mot gemensamma mål, kan de övervinna hinder och skapa något större än vad de kunde ha gjort individuellt. För att vi ska kunna bygga ett starkt och hållbart samhälle måste vi arbeta tillsammans – föräldrar, myndigheter och hela samhället. När vi arbetar tillsammans kan vi skapa ett samhälle där barn och ungdomar känner sig trygga, stöttade och vägledda. Vi kan också förhindra att unga dras in i kriminalitet och destruktiva beteenden genom att ge dem en stabil och kärleksfull hemmiljö där föräldrarna är närvarande och engagerade i deras liv.

Föräldraansvar

Föräldrar är grunden som samhället vilar på. Det är avgörande att föräldrar tar sitt ansvar och får det stöd och de verktyg de behöver för att lyckas med sitt föräldraskap. Här är några sätt att stärka föräldraansvaret:

- **Föräldrautbildningar**: Erbjud utbildningar som hjälper föräldrar att förstå sina barns behov och utveckling. Ge dem verktyg för att hantera utmaningar och skapa en trygg och stödjande hemmiljö.
- **Stödgrupper**: Möjliggör för föräldrar att delta i stödgrupper där de kan dela erfarenheter och få råd från andra i liknande situationer.

Samarbete

Samarbete mellan föräldrar, skola, socialtjänst och polis är avgörande för att skapa en tryggare framtid för våra barn. Här är några exempel på hur samarbete kan fungera:

- **Skola och föräldrar**: Skolan och föräldrarna kan arbeta tillsammans för att stödja barnens utbildning och utveckling. Genom att delta i föräldramöten och hålla regelbunden kontakt med lärare kan föräldrarna vara en aktiv del av sina barns skolgång.

- **Socialtjänst och föräldrar**: Socialtjänsten kan erbjuda stöd och vägledning till föräldrar som kämpar med utmaningar. Genom att arbeta tillsammans kan socialtjänsten och föräldrarna skapa en trygg och stödjande miljö för barnen.

- **Polis och föräldrar**: Polisen kan arbeta tillsammans med föräldrar för att förebygga kriminalitet och skapa en tryggare miljö för barnen. Genom att delta i lokala säkerhetsmöten och hålla kontakt med områdespolisen kan föräldrarna vara en del av arbetet för att skapa trygghet i sitt område.

Genom att stärka föräldraansvaret och främja samarbete mellan olika samhällsaktörer kan vi skapa en tryggare och mer stödjande miljö för våra barn att växa upp i.

Hur politiska åtgärder kan stödja föräldrar

Politiska åtgärder kan spela en avgörande roll i att stödja föräldrar och skapa en starkare grund för deras barns framtid. I Sverige finns redan flera stödprogram och resurser som kan stärkas och utvecklas ytterligare. Föräldrautbildningsprogram, som erbjuds som en del av socialtjänstens tjänster, ger föräldrar verktyg och strategier för att hantera utmaningar i föräldraskapet och främja barns utveckling. För nyanlända föräldrar erbjuds samhällsorienteringskurser för att hjälpa dem förstå hur det svenska samhället fungerar och vilka resurser som finns tillgängliga. Dessa kurser kan inkludera information om skolsystemet, hälsovård och sociala tjänster, vilket hjälper föräldrar att bättre stödja sina barn och integrera sig i samhället.

Liknande åtgärder finns i andra länder. Till exempel erbjuder Kanada och Tyskland barnbidrag och skatteförmåner till familjer för att hjälpa till med kostnaderna för att uppfostra barn. I Frankrike och Danmark finns omfattande system för subventionerad barnomsorg som gör det möjligt för föräldrar att arbeta eller studera medan deras barn får högkvalitativ omsorg. I USA har vissa delstater infört föräldrautbildningsprogram som en del av deras sociala tjänster, vilket erbjuder föräldrar verktyg och strategier för att hantera utmaningar i föräldraskapet och främja barns utveckling.

Genom att ta vara på och vidareutveckla detta politiskt kan vi skapa en starkare och mer stödjande miljö för föräldrar och deras barn, vilket bidrar till att förebygga kriminalitet och främja en positiv samhällsutveckling.

Om vi tar konkreta fallstudier så har Boston Arts Academy i USA framgångsrikt engagerat en majoritet av sina föräldrar genom att skapa en välkomnande skolmiljö och uppmuntra föräldrar att delta i skolans aktiviteter.

Genom att erbjuda ingångspunkter för föräldraengagemang och frekvent kommunikation mellan personal och föräldrar har skolan lyckats bygga en stark gemenskap. Ökat föräldraengagemang har lett till ett förbättrat elevprestationer och en starkare skolgemenskap. (Boston Arts Academy, 2025). Det är praktiskt möjligt att implementera liknande program i Sverige genom att skapa en inkluderande skolmiljö och uppmuntra föräldraengagemang genom olika aktiviteter och kommunikationskanaler.

En annan konkret fallstudie är Nurturing Parenting från USA som erbjuder en rad evidensbaserade program som fokuserar på att förbättra föräldrar, barn-relationen, främja empati och lära föräldrar positiva disciplinstrategier. Programmen är interaktiva och anpassade för att möta behoven hos olika familjer. Föräldrar som deltagit i dessa program rapporterar förbättrat barnbeteende och emotionellt välmående. Det är praktiskt möjligt att implementera Nurturing Parenting-program i Sverige, då liknande föräldrautbildningar redan finns och kan anpassas efter svenska förhållanden (Nurturing Parenting, 2025).

Även Active Parenting i USA har erbjudit föräldraskapsutbildning sedan 1983 och använder videobaserade leveranssystem för att utbilda föräldrar. Programmen fokuserar på att ge föräldrar verktyg för att hantera utmaningar i föräldraskapet och främja positiva föräldra-barn-relationer. Programmen har visat sig vara effektiva i att förbättra föräldra-barn-kommunikation samt minska destruktiva beteenden hos barn (Active Parenting, 2025). Active Parenting-program finns redan i Sverige under namnet ”Aktivt föräldraskap”, som är praktiskt genomförbart med anpassningar till svenska förhållanden.

Fallstudien Children and Parenting Support Services från Australien är en konkret studie som fokuserar på att stödja positiva barn- och familjeutfall genom föräldrautbildning och stöd. Programmen levereras genom samhälls-, hälso- och utbildningssektorer. Resultaten visar på förbättrade föräldra-barn-relationer och minskad risk för negativa utfall. Det är praktiskt möjligt att implementera liknande stödprogram i Sverige genom att samordna insatser mellan socialtjänst, hälso- och sjukvård samt utbildningssektorn (Department of Social Services, 2025).

Genom att implementera eller komplettera dessa politiska åtgärder /stödprogram kan en starkare och mer stödjande miljö för föräldrar och deras barn skapas, vilket i sin tur bidrar till att förebygga kriminalitet och främja en positiv samhällsutveckling.

Sammanfattning kapitel 14: Att bygga ett starkare samhälle genom föräldraansvar

För att bygga ett starkare samhälle måste vi fokusera på att stärka föräldraansvaret och säkerställa att föräldrar har de verktyg de behöver för att kunna vägleda sina barn på ett ansvarsfullt och kärleksfullt sätt. Detta kräver en gemensam insats från samhällets alla aktörer och det kräver att vi ser föräldraskap som en central del av vårt arbete med att förebygga kriminalitet och socialt utanförskap.

Genom att samarbeta kan vi bygga ett samhälle där alla barn har samma möjligheter att lyckas, oavsett bakgrund och andra omständigheter.

- **Fråga**: Hur kan föräldrar bättre rustas för att ta sitt ansvar och stödja sina barns utveckling?
- **Reflektion**: Fundera på hur samarbete mellan föräldrar, skola och samhällsaktörer kan förbättras. Vad kan du göra för att bidra till detta samarbete?

Kapitel 15: Vägen framåt – samhällets gemensamma ansvar för en tryggare framtid

Detta sista kapitel fokuserar på lösningar och insikter för att skapa en långsiktig och hållbar strategi för att minska kriminalitet och stärka samhällsstabiliteten. Det står klart att ansvaret för att förebygga och bekämpa kriminalitet inte ligger på en enskild samhällsinstans utan är ett gemensamt ansvar för hela samhället, från föräldrar och skolor till rättsväsende och politiska ledare. För att bygga ett tryggare Sverige krävs samordnade insatser, långsiktiga reformer och en djupare förståelse för de grundläggande orsakerna till brottslighet.

För att skapa en långsiktig och hållbar strategi för att minska kriminalitet krävs samordnade insatser och långsiktiga reformer. Samhället måste betraktas som en helhet där varje aktör har en roll att spela. Föräldrar, skolor, socialtjänst och polis måste samarbeta för att skapa en tryggare framtid för alla.

Anknytning till vänner, familj, skolan och samhället är centralt för att man inte ska hamna i kriminalitet. När en individ har starka relationer till dessa grupper, skapas en känsla av ansvar gentemot andra och en vilja att följa samhällets normer. Ungdomar med svaga familjeband, ofta på grund av socioekonomiska faktorer eller brist på integration, löper högre risk att dras in i kriminalitet.

Åtagande i arbete och utbildning innebär att man investerar tid och energi för att åstadkomma något. När en individ har lagt ner mycket arbete på att bygga en framtid, minskar viljan att riskera detta genom brottsliga handlingar. Ett starkt åtagande till utbildning och arbete fungerar som ett skyddsnät mot kriminalitet.

Delaktighet i i samhället innebär att individen är engagerad i positiva aktiviteter som skola, arbete, fritidsaktiviteter och familjeliv. Genom att vara delaktig i samhället och känna sig som en viktig del av det, minskar risken för att man ska vända sig bort från samhällets normer och regler.

Övertygelse om rättssystemet och det svenska samhällets normer kommer när man har alla andra punkter på plats. När en individ har starka sociala band, är engagerad i arbete och utbildning och känner sig delaktig i samhället, kommer de också att ha tilltro till rättssystemet och de normer som styr i samhället.

Samordnade insatser: För att bygga ett tryggare Sverige krävs samordnade insatser från alla samhällsaktörer – från föräldrar och skolor till rättsväsende och politiska ledare. SAT betonar att starka moraliska uppfattningar och en stödjande miljö är avgörande för att förebygga kriminalitet. Genom att investera i förebyggande insatser och skapa en miljö som främjar positiva värderingar kan vi minska kriminaliteten och skapa en tryggare framtid för alla.

Genom att förstå och tillämpa dessa principer kan vi skapa ett samhälle där alla individer, oavsett bakgrund, har möjlighet att utvecklas och leva ett liv fritt från kriminalitet. Detta kräver långsiktigt engagemang och samarbete på alla nivåer i samhället.

Samhället som en helhet

En central insikt som har framkommit i diskussionerna i tidigare kapitel är vikten av att se samhället som en helhet där varje aktör, från individ till institution, har en roll att spela i att bygga en tryggare framtid. Föräldrar har ett grundläggande ansvar för sina barns uppfostran men de kan inte stå ensamma i detta ansvar. Skolor, socialtjänst och polis måste samverka med föräldrarna för att skapa en gemensam front mot kriminalitet.

En av de poliser jag intervjuade under arbetet med denna bok beskrev hur deras framgångsrika insatser för att minska ungdomsbrottsligheten alltid har varit beroende av ett starkt samarbete med skola och föräldrar. När dessa aktörer lyckas arbeta tillsammans som en enhet, med ett gemensamt mål om att skydda ungdomar från kriminalitet, blir resultaten tydliga: Brottsligheten minskar och ungdomarna får bättre förutsättningar för en positiv framtid.

Föräldrar måste ta del av samhällets stöd för att kunna fullgöra sitt ansvar. Som tidigare nämnts är samhällsorienteringskurser, föräldrastöd och utbildningar viktiga verktyg för att stärka föräldrarnas förmåga att hantera de utmaningar de står inför. Det handlar inte bara om att förstå vad som krävs för att barnen ska lyckas i skolan eller undvika kriminalitet, utan också om att skapa en gemensam förståelse för vilka normer och värderingar som bygger ett fungerande samhälle.

Genom hela boken har vi kunnat se hur socialt stöd samt teorier som sociala band och Situational Action Theory (SAT) inte bara är akademiska begrepp, utan levande verkligheter för många barn och familjer. De hjälper oss att förstå varför vissa barn lyckas hålla sig borta från kriminalitet trots svåra förhållanden, medan andra hamnar i destruktiva mönster.

Det handlar i grunden om anknytning, moralisk kompass, delaktighet och känslan av att vara sedd – hemma, i skolan, i samhället. När dessa band brister, uppstår tomrum som ibland fylls av gäng, våld och kriminalitet. Men när de stärks, växer i stället trygghet, ansvar och hopp.

Teorierna är viktiga men det är människorna bakom dem som spelar huvudrollen. Föräldrar, lärare, socialarbetare, poliser och inte minst barnen själva. Det är där förändringen börjar.

Föräldraansvar som en central del av lösningen

En tydlig slutsats av det som har tagits upp i denna bok är att föräldrarnas roll inte kan underskattas. Som diskuterats tidigare, är starka föräldraband och närvarande vuxna en av de mest effektiva skyddsfaktorerna för att hålla ungdomar borta från kriminalitet. Därför måste samhället investera i att stödja och stärka föräldrar, särskilt i utsatta områden där föräldraskapet ofta försvåras av sociala och ekonomiska faktorer.

Ett konkret exempel från mitt arbete med socialtjänsten är hur utbildning och stöd kan hjälpa föräldrar att återta kontrollen över sina barns liv. En ensamstående pappa, som tidigare haft svårt att sätta gränser för sin son, fick genom riktat föräldrastöd lära sig metoder för att hantera konflikter och bygga en starkare relation med sin son. Detta förändrade inte bara dynamiken i hemmet, utan bidrog också till att sonen slutade umgås i kriminella kretsar och i stället fokuserade på skolan.

Det är viktigt att förstå att föräldrar inte alltid har alla verktyg de behöver för att hantera utmaningarna i dagens samhälle, särskilt när det gäller kriminalitetens starka grepp om många ungdomar. Samhället måste därför erbjuda föräldrarna de resurser och det stöd som krävs för att de ska kunna uppfylla sin roll som sina barns främsta skyddsnät.

Föräldrar måste känna sig trygga i sina roller och förstå vikten av att ta ansvar. När föräldrar känner sig säkra och kompetenta, kan de bättre stödja sina barn och skapa en positiv familjedynamik. Att uppmuntra föräldrar att "ta din plats i nuet, sedan tar vi det därifrån" innebär att de ska vara närvarande och medvetna i sina handlingar och beslut. Genom att vara närvarande kan föräldrar bättre förstå sina barns behov och reagera på ett sätt som främjar deras utveckling.

Föräldrar kan också dra nytta av att reflektera över sina egna erfarenheter och hur de påverkar deras föräldraskap. Genom att vara öppna för förändring och att söka stöd när det behövs, kan de skapa en miljö där både de själva och deras barn kan växa och utvecklas. Professionellt stöd från exempelvis familjerådgivare, psykologer och pedagoger kan vara ovärderligt i denna process. Dessa experter kan erbjuda verktyg och strategier för att hantera utmaningar och stärka föräldrarnas förmåga att vara närvarande och ansvarsfulla.

Genom att ta ansvar och vara närvarande i nuet, kan föräldrar skapa en stabil grund för sina barn och hjälpa dem att utvecklas till självständiga och ansvarsfulla individer.

Skolans och utbildningens centrala roll

Skolan är inte bara en plats för akademisk utbildning, utan också en av de viktigaste institutionerna för socialisering och personlig utveckling. Genom att ge ungdomar struktur, ansvar och positiva förebilder kan skolan spela en avgörande roll i att förebygga kriminalitet. Lärare och skolpersonal har en unik möjlighet att identifiera ungdomar i riskzonen och erbjuda dem stöd innan de hamnar i destruktiva beteendemönster.

I intervjun med skolkuratorn framkom hur viktigt det är att skolan har resurser för att kunna hantera de sociala och emotionella utmaningar som många elever brottas med. Genom att erbjuda mentorskapsprogram, psykologiskt stöd och strukturerade fritidsaktiviteter kan skolan skapa en miljö där ungdomar känner sig sedda och stöttade, vilket minskar risken för att de söker sig till kriminella grupper för bekräftelse.

Kriminalvårdens och rättsväsendets reformer

Som diskuterats i tidigare kapitel är kriminalvården och rättsväsendet avgörande institutioner för att både avskräcka och hantera kriminalitet. Men det är tydligt att dessa institutioner behöver reformeras för att bättre möta de utmaningar som dagens samhälle står inför. Straffen för allvarliga brott, särskilt gängrelaterade, måste vara proportionella för att skapa en avskräckande effekt. Samtidigt måste rehabilitering och återintegrering av brottslingar förbättras för att minska återfall och ge individer en verklig chans att förändra sina liv.

Under mina samtal med poliser och socialarbetare framkom att en av de största svagheterna i dagens system är bristen på resurser för rehabilitering inom kriminalvården. Många unga brottslingar lämnar fängelset utan att ha fått den hjälp de behöver för att bryta med sitt kriminella förflutna. Detta gör att de återvänder till sina gamla vanor och nätverk, vilket skapar en ond cirkel av brott och fängelsevistelser.

Genom att satsa mer på utbildning, psykologiskt stöd och yrkesträning inom kriminalvården kan vi ge dessa individer en verklig möjlighet att förändra sina liv och bidra till samhället på ett positivt sätt. Men för att detta ska ske krävs politisk vilja och resurser för att genomföra de nödvändiga reformerna.

Placering i familjehem, HVB-hem eller hos föräldrarna?

Frågan om familjehemsplaceringar är omstridd. Är det en bra lösning eller bara en kostsam metod? Samtidigt är SIS-hem ofta överfulla eller ineffektiva. Till det kommer att Kriminalvården kämpar med bristande kapacitet. Det behövs nya lösningar för att möta dagens ungdomsbrottslighet.

I stället för att enbart fokusera på omplaceringar till familjehem eller HVB-hem, bör man satsa på att stärka föräldrarna och ge dem verktygen och resurserna som behövs behöver för att ta sitt ansvar. Genom att investera i föräldrautbildningar, psykologiskt stöd och samhällsorienteringskurser kan vi hjälpa föräldrar att skapa en trygg och stabil hemmiljö för sina barn. Då byggs en bra grund från hemmet, vilket är avgörande för barnens utveckling och framtid.

Det är oroväckande att många av de som har begått allvarliga brott, som sprängningar, skjutningar och mord är de barn som är omplacerade hos SIS, familjehem eller HVB-hem. Dessa barn omplaceras från sina familjer på grund av att de är stökiga och på grund av brist på föräldraskap men hamnar i stället på ställen där de riskerar att bli mördare eller själva bli mördade. Detta visar att omplaceringar inte alltid är den bästa lösningen och att det finns ett akut behov av att hitta alternativa metoder för att stödja dessa barn.

Barn och unga blir inte bara offer för parallella samhällen, de blir själva grunden till dessa skuggvärldar. De blir källan till den organiserade brottsligheten och ett hot mot välfärd och hela samhällets framtid. Familjehem och HVB-hem, som egentligen är skyddsåtgärder för utsatta barn, blir snarare som en rekryterings central för den organiserade brottsligheten. En artikel publicerad av SVT Nyheter belyser en allvarlig situation där flera HVB-hem (Hem för vård eller boende) drivs av personer med kopplingar till organiserad brottslighet. (SVT Nyheter, 2024). Polisen har rapporterat att dessa kriminella nätverk utnyttjar HVB-hemmen för att rekrytera unga till kriminella aktiviteter, vilket skapar en farlig miljö för de boende barnen och ungdomarna. Detta problem är särskilt oroande eftersom det innebär att barn som redan befinner sig i en utsatt situation riskerar att dras djupare in i kriminalitet.

Socialtjänstminister Camilla Waltersson Grönvall (M) har reagerat starkt på dessa avslöjanden och betonat vikten av att säkerställa att HVB-hemmen drivs av seriösa och pålitliga aktörer. Det är avgörande att samhället agerar för att skydda dessa barn och ungdomar från att utnyttjas av kriminella nätverk.

Det har gått så långt att kriminella nätverk tjänar pengar på familjehemplacerade barn. Enligt en annan artikel från SVT Nyheter har Ekobrottsmyndigheten identifierat att barn har placerats i händerna på kriminella (Ekobrottsmyndigheten, 2025). Artikeln tar upp hur barn utnyttjas av äldre kriminella för att utföra brott, vilket skapar en farlig miljö för de unga och bidrar till att de dras in i en kriminell livsstil. Detta problem är särskilt allvarligt eftersom det innebär att barn utsätts för risker och påverkas negativt av kriminella nätverk.

Ekobrottsmyndigheten betonar vikten av att samhället ingriper tidigt och agerar förebyggande för att skydda barn från att hamna i sådana situationer. Det är avgörande att socialtjänst, föräldrar och andra samhällsaktörer samarbetar för att skapa en trygg miljö för barn och ungdomar. Artikeln lyfter fram behovet av att utveckla effektiva strategier för att förhindra att barn utnyttjas av kriminella och att stärka insatserna för att stödja barn som redan har hamnat i riskzonen.

Att ställa krav på föräldrarna innebär att samhället måste vara tydligt med vilka förväntningar som finns på föräldrarollen.

Föräldrar måste förstå att deras engagemang och närvaro är avgörande för barnens utveckling. Genom att erbjuda stöd och vägledning kan vi hjälpa föräldrar att uppfylla dessa krav och skapa en positiv förändring i sina barns liv.

Investeringar i föräldrarna är inte bara en kostnadseffektiv lösning, utan också en långsiktig strategi för att minska ungdomsbrottsligheten. När föräldrar får rätt stöd och verktyg kan de bättre hantera utmaningar och förebygga att deras barn hamnar i destruktiva miljöer. Detta minskar behovet av dyra och ofta ineffektiva omplaceringar till familjehem eller ungdomsfängelser.

Genom att satsa genom ökade resurser och ställa krav på föräldrarna kan vi skapa en starkare grund för barnens framtid och bygga ett tryggare samhälle. Det är dags att vi ser föräldrarna som en central del av lösningen och ger dem det stöd de behöver för att lyckas i sin roll.

En annan viktig åtgärd är att separera farliga ungdomsbrottslingar från de med sociala problem. Genom att erbjuda riktade insatser och stöd till ungdomar med sociala problem, både inom SIS-institutioner och HVB-hem, kan vi förebygga att de dras in i organiserad brottslighet. Samtidigt måste vi ha kraftigare åtgärder för att hantera de ungdomar som redan är involverade i kriminella nätverk, oavsett vilken typ av boende eller insats de befinner sig i.

Anonyma vittnen och snabbare rättsprocesser

En starkare skyddsstruktur för vittnen, inklusive anonyma vittnen, är avgörande för att bekämpa kriminalitet och skapa trygghet i samhället. Många brottsoffer och vittnen vågar inte träda fram på grund av rädsla för repressalier från kriminella nätverk. Genom att erbjuda anonymitet och ett starkare skydd kan vi öka antalet vittnen som vågar vittna och därmed förbättra rättssystemets effektivitet. Det är också viktigt att brottsoffer får sin upprättelse snabbare genom snabbare domstolsprocesser. Långa väntetider och utdragna rättsprocesser kan förvärra brottsoffrens trauman och skapa en känsla av att rättssystemet inte tar deras lidande på allvar. Genom att effektivisera rättsprocesserna kan vi säkerställa att brottsoffer får den rättvisa de förtjänar i tid. När vittnen känner sig trygga och skyddade, kommer de att våga träda fram och vittna mot kriminella utan att behöva frukta för sina liv. Detta skapar en miljö där människor vågar skydda sina områden och stå upp mot kriminalitet utan att bli kallade "förrädare" eller "snitch". Att kunna vittna anonymt och känna sig säker är avgörande för att bryta tystnadskulturen som ofta råder i utsatta områden. Genom att införa möjligheten till anonyma vittnesmål och stärka skyddet för vittnen kan vi också minska kriminellas makt över samhällen. När fler vågar vittna, minskar kriminellas möjlighet att hota och kontrollera "sina" områden. Detta skapar en positiv spiral där fler människor vågar stå upp mot kriminalitet och bidra till att skapa tryggare samhällen.

Kritik och rättssäkerhet

Det finns dock kritik mot användningen av anonyma vittnen, särskilt när det gäller rättssäkerheten för den tilltalade. En av de största invändningarna är att det blir svårare för den tilltalade att försvara sig och ifrågasätta vittnets trovärdighet om vittnet är anonymt. Enligt Europakonventionen om de mänskliga rättigheterna har den tilltalade rätt till en rättvis rättegång, vilket inkluderar rätten att höra och ifrågasätta vittnen.

För att balansera behovet av att skydda vittnen med den tilltalades rätt till en rättvis rättegång, kan följande åtgärder övervägas:

Hotbild: Anonyma vittnen bör endast tillåtas när det finns en konkret hotbild mot vittnet.

Bevisvärde: Anonyma vittnesmål bör inte vara den enda eller avgörande bevisningen för en fällande dom.

Restriktiv användning: Anonyma vittnen bör användas med yttersta försiktighet och inte slentrianmässigt.

Snabbare rättsprocesser och rättssäkerhet

Effektivisering av rättsprocesser är viktigt för att säkerställa att brottsoffer får rättvisa i tid. Men det är också viktigt att denna effektivisering inte sker på bekostnad av rättssäkerheten. Snabbare rättsprocesser kan innebära risker för den misstänktes rättigheter, såsom begränsad tid att förbereda försvar och minskade möjligheter att överklaga.

För att säkerställa att rättssäkerheten upprätthålls samtidigt som rättsprocesserna effektiviseras, kan följande åtgärder övervägas: Tillräcklig Förberedelsetid: Säkerställa att den misstänkte har tillräcklig tid att förbereda sitt försvar.

Överklagandemöjligheter: Bibehålla möjligheten att överklaga domar för att säkerställa att rättvisa skipas.

Balans mellan Effektivitet och Rättssäkerhet: Hitta en balans mellan att påskynda rättsprocesser och att säkerställa att alla rättsliga principer följs. Genom att ta hänsyn till dessa aspekter kan vi skapa ett rättssystem som både skyddar vittnen och brottsoffer och säkerställer rättssäkerheten för den tilltalade.

Gemensamt ansvar

Kriminalitet kan inte bekämpas enbart genom straff. Det krävs ett gemensamt ansvar och samarbete mellan alla samhällsaktörer för att skapa en tryggare framtid. Här är några sätt att arbeta tillsammans för att minska kriminaliteten:

- **Samarbete mellan samhällsaktörer**: Skola, socialtjänst, polis och föräldrar måste arbeta tillsammans för att skapa en helhetssyn på ungdomarnas situation och erbjuda samordnade insatser.
- **Förebyggande åtgärder**: Satsa på förebyggande åtgärder som utbildning, socialt stöd och fritidsaktiviteter för att minska risken för att ungdomar hamnar i kriminalitet.
- **Rehabilitering och återintegrering**: Erbjud rehabilitering och återintegrering för brottslingar för att minska återfall och ge dem en chans att skapa en positiv framtid.

Långsiktiga åtgärder

För att skapa en långsiktig och hållbar strategi för att minska kriminaliteten krävs politiska åtgärder och reformer. Här är några förslag på långsiktiga åtgärder:

- **Reformera rättssystemet**: Inför strängare straff för allvarliga brott och förbättra rehabiliteringen inom kriminalvården.
- **Satsa på utbildning och arbetsmarknad**: Skapa fler utbildnings- och arbetsmöjligheter för ungdomar, för att minska risken att de hamnar i kriminalitet.
- **Stärk sociala band och socialt stöd**: Erbjud mer stöd till familjer och ungdomar i riskzonen genom socialtjänst, stödgrupper och samhällsorienteringskurser.

Genom att arbeta tillsammans och satsa på långsiktiga åtgärder kan vi skapa en tryggare framtid för alla och minska kriminaliteten i vårt samhälle.

Slutsatser och reflektioner

Som vi har sett genom denna bok, är föräldrar inte bara en del av barnens liv – de är den grundläggande komponenten som formar hur barn ser världen, hur de beter sig och vilka val de gör. När föräldrarna misslyckas med att uppfylla sitt ansvar, oavsett orsaker, påverkas hela samhället. Barn som inte har en stabil och kärleksfull hemmiljö är mer benägna att hamna i kriminalitet, missbruk eller andra destruktiva beteenden. Men samtidigt måste vi förstå att föräldraskap är en utmanande och krävande uppgift och att många föräldrar inte har de resurser eller det stöd de behöver för att lyckas.

I denna bok har vi utforskat de många aspekterna av föräldraskap, samhällets ansvar och de utmaningar som både föräldrar och barn står inför i dagens samhälle. Vi har diskuterat vikten av starka sociala band, SAT-teorin, socialt stöd, samverkan mellan olika samhällsaktörer och den avgörande roll som föräldrar spelar i att forma sina barns framtid. Den centrala tesen genom hela boken har varit att föräldrar är grunden som samhället vilar på. Utan engagerade och ansvarstagande föräldrar, oavsett hur starka samhällsinsatser vi har genom skolan, socialtjänsten och polisen med mera, kan vi inte förvänta oss att barn ska kunna utvecklas på ett optimalt sätt. Samhället måste arbeta som en helhet där alla aktörer tar sitt ansvar och där föräldrarna ses som den viktigaste byggstenen för en stabil framtid.

Föräldrarollen har förändrats över tid och dagens föräldrar möter utmaningar som tidigare generationer kanske inte behövde hantera. Globalisering, teknologisk utveckling och ökande sociala och ekonomiska skillnader har förändrat de miljöer där barn växer upp. För att kunna möta dessa utmaningar måste vi som samhälle anpassa oss och erbjuda stöd till föräldrar på ett sätt som speglar dagens verklighet. Vi måste också ställa högre krav på föräldrar men samtidigt ge dem de verktyg/ stöd de behöver för att klara av det. Genom obligatoriska samhällsorienteringskurser, psykologisk vägledning och andra former av socialt stöd kan vi hjälpa föräldrar att bli mer närvarande, engagerade och ansvarstagande i sina barns liv. Det är dessa insatser som kommer att hjälpa oss att bygga ett starkare och tryggare samhälle för framtida generationer. Vi ärver inte bara gener – vi ärver även mönster. Föräldrar som själva saknat vägledning riskerar att föra vidare osunda mönster till sina barn. För att bryta denna ”moraliska programmering” krävs medvetenhet, stöd och förändringsvilja – både från individ och samhälle.

Ett av Lennart Nybloms mest kända citat är: “Om stenåldersbarnen hade lytt sina föräldrar, hade vi fortfarande levt i stenåldern.” Lennart Nyblom var en svensk skribent, kåsör och författare, känd för sina humoristiska och insiktsfulla citat. Han använde pseudonymen Red Top och medverkade under många år på Dagens Nyheters Namn och Nytt-avdelning.

Detta syftar på att framsteg och innovation ofta kommer från att ifrågasätta det rådande och tänka annorlunda än tidigare generationer. Om stenåldersbarnen strikt hade följt sina föräldrars sätt utan att ifrågasätta eller prova nya saker, kanske mänskligheten inte hade utvecklats bortom den eran. Denna insikt påminner oss om att barn måste ges utrymme att utvecklas och tänka kritiskt men att de samtidigt behöver tydliga riktlinjer från sina föräldrar. Föräldrar måste både ge sina barn både frihet och sätta gränser – en balans som är nödvändig för att fostra ansvarsfulla och självständiga individer.

Det är också viktigt att förstå att både föräldrar och barn kan bryta den onda cirkeln och skapa en god cirkel genom att göra saker annorlunda. Föräldrar kan uppmuntra sina barn att tänka självständigt och kritiskt, samtidigt som de ger dem stöd och vägledning. Barn, å andra sidan, kan lära sig att ta ansvar för sina handlingar och fatta egna beslut inom de ramar som föräldrarna sätter upp. För att lyckas med detta kan det vara värdefullt att söka hjälp och stöd från professionella inom samhället, som pedagoger, psykologer och familjerådgivare. Dessa experter kan erbjuda verktyg och strategier för att skapa en positiv förändring i familjedynamiken. Om man fortsätter att göra som man alltid har gjort, kommer man att få samma resultat som tidigare generationer. Genom att våga förändra och söka stöd kan både föräldrar och barn utvecklas och växa på ett sätt som främjar en hälsosam och positiv utveckling.

En av de viktigaste slutsatserna från denna bok är att samarbete är nyckeln till att skapa ett samhälle där alla barn har en chans att lyckas. Polisen, skolan, socialtjänsten och andra samhällsaktörer kan inte ensamma bära ansvaret för att hålla barn och ungdomar borta från kriminalitet och destruktiva beteenden. Det krävs ett samarbete där föräldrarna ses som en central del av lösningen. Som Henry Ford en gång sa: "Att komma tillsammans är en början, att hålla ihop är framsteg, att arbeta tillsammans är en framgång." Om vi som samhälle ska lyckas med att minska ungdomsbrottsligheten, måste vi arbeta tillsammans och säkerställa att föräldrarna har rätt verktyg för att lyckas med sitt ansvar. Bara genom samarbete kan vi skapa en bättre framtid för våra barn och ett tryggare samhälle för alla. Och för att effektivt förebygga brottslighet och skapa en trygg framtid för våra barn är det avgörande att samhället agerar i ett tidigt skede genom att ge stöd och verktyg till föräldrar innan destruktiva mönster får fäste.

Så vad händer med ett samhälle som ställer krav på polisen, skolan, socialtjänsten och övriga samhällsaktörer – men vägrar att konfrontera föräldraansvaret gentemot sina barn och samhället?

Sammanfattning kapitel 15: Vägen framåt – samhällets gemensamma ansvar för en tryggare framtid

Detta sista kapitel sammanfattar en central slutsats i boken: Att kriminalitet inte kan bekämpas enbart genom hårda straff eller ensidiga lösningar. Det krävs ett gemensamt ansvar och samarbete mellan alla samhällsaktörer – från föräldrar och skolor till polisen och politiska ledare. Genom att bygga starka band inom samhället, investera i förebyggande insatser och ge brottslingar en verklig möjlighet att rehabiliteras, kan vi skapa en tryggare framtid för alla.

Vägen framåt kräver modiga politiska beslut, reformer av rättssystemet och en starkare insats från alla delar av samhället för att skapa ett samhälle där färre individer hamnar i kriminalitet och fler får möjlighet att leva trygga och meningsfulla liv.

- **Fråga**: Vilka långsiktiga åtgärder tror du är mest effektiva för att minska kriminaliteten och skapa en tryggare framtid?
- **Reflektion**: Tänk på hur du kan bidra till att skapa ett tryggare samhälle. Vilka konkreta steg kan du ta för att göra en positiv skillnad?

Slutord

Kommer ni ihåg grannens pojke jag pratade om? Tjugo år senare, under ett av mina jobb som handläggare, stötte jag på pojken igen. Den unga killen som hade skött snacket med polisen. Som tur det var kände han inte igen mig. Nu var han en man, klädd i en skottsäker väst, hans ögon ständigt på vakt, flackande över axeln. Jag beundrade hans förmåga att prata svenska när jag var ny i Sverige och nu var jag den som hade hand om hans planering. Han berättade för mig att han tre år efter den där natten hade mördat någon. Det var i självförsvar, sa han men rädslan satt kvar. Efter Emporia-mordet var han jagad igen. Nu var han redo att fly, lämna allt bakom sig och försvinna. "De är efter mig," viskade han och jag såg på honom. Och jag såg på honom – på det lilla barnet med vapen i händerna, som aldrig fått en chans.

Jag tänker ofta på honom – pojken som satte skräck i trapphuset under min barndom. Vad hade hänt om någon hade sett honom tidigare? Om någon hade ställt krav på hans föräldrar, gett dem verktyg att vara närvarande, sätta gränser och visa vägen? Kanske hade hans liv sett annorlunda ut. Och hur har hans barn det i dag? Kommer de att bära samma sår vidare?

Hur förändrar man sin framtid när allt man sett från början är våld, hårdhet och misstro mot samhället och dess normer? Det är därför vi måste våga prata om relationer, ansvar och tillhörighet långt innan problemen blir synliga. För starka band ger starka barn. Och starka barn bygger starka samhällen. Framtiden formas inte i rättssalar eller på gatorna.

Den formas hemma, i varje blick, varje gräns, varje kram.

Och det är där, i hemmet som samhällets verkliga trygghet börjar!

Praktiska övningar

Denna sektion innehåller övningar som är utformade för att hjälpa föräldrar att stärka sina barns sociala band, utveckla positiva beteenden och förebygga kriminalitet. Genom att följa dessa övningar kan föräldrar skapa en trygg och stödjande miljö för sina barn.

Övning 1: Familjens kreativa projekt

Syfte: Att främja kreativitet och samarbete inom familjen genom ett gemensamt projekt.

Begrepp och teorier:

- Sociala band-teorin: Anknytning och delaktighet.
- Reciprok determinism: Samspel mellan individ, beteende och miljö.

Steg:

1. **Välj ett kreativt projekt**: Samla familjen och välj ett kreativt projekt som ni kan arbeta på tillsammans. Det kan vara att måla en väggmålning, bygga en fågelholk, eller skapa en trädgård.
2. **Planera projektet**: Skapa en plan för hur ni ska genomföra projektet. Inkludera steg som att samla material, fördela uppgifter och sätta upp en tidsplan.
3. **Genomför projektet**: Arbeta tillsammans för att genomföra projektet. Uppmuntra varje familjemedlem att bidra med sina unika färdigheter och idéer.

4. **Fira resultatet**: När projektet är klart, fira resultatet tillsammans. Diskutera vad ni har lärt er och hur ni kan använda era nya färdigheter i framtiden.

Övning 2: Positiv förstärkning

Syfte: Att uppmuntra positiva beteenden hos barnen genom belöning och positiv feedback.

Begrepp och teorier:

- Betingningsteorin: Operant betingning.
- Reciprok determinism: Samspel mellan individ, beteende och miljö.

Steg:

1. **Identifiera positiva beteenden**: Identifiera vilka beteenden du vill uppmuntra hos dina barn. Exempel: Hjälpa till med hushållssysslor, vara vänliga och respektfulla mot andra.
2. **Skapa belöningssystem**: Skapa ett belöningssystem för att uppmuntra dessa beteenden. Exempel: Ge beröm och positiv feedback när barnen visar de önskade beteendena. Använd en belöningskarta där barnen får klistermärken eller poäng för varje positivt beteende.
3. **Följ upp**: Följ upp på belöningssystemet regelbundet och justera det vid behov. Diskutera med barnen hur de känner om systemet och om det hjälper dem att förbättra sina beteenden.

Övning 3: Konfliktlösning

Syfte: Att lära barnen och föräldrarna effektiva metoder för att hantera och lösa konflikter.

Begrepp och teorier:

- Sociala band-teorin: Anknytning och delaktighet.
- Reciprok determinism: Samspel mellan individ, beteende och miljö.

Steg:

1. **Identifiera konflikter**: Identifiera vanliga konflikter som uppstår inom familjen. Exempel: Syskonbråk, oenigheter om hushållssysslor.
2. **Lär ut konfliktlösningstekniker**: Lär ut tekniker för att hantera och lösa konflikter. Exempel: Aktiv lyssning, jag-budskap.
3. **Praktisera konfliktlösning**: Praktisera dessa tekniker när konflikter uppstår. Uppmuntra alla familjemedlemmar att använda dem.
4. **Följ upp**: Diskutera hur konflikthanteringen går vid familjemöten. Justera teknikerna vid behov och fortsätt att öva.

Övning 4: Handlingsplaner och checklistor

Syfte: Att skapa en trygg och strukturerad hemmiljö genom att organisera vardagen och sätta upp mål för barnens utveckling.

Begrepp och teorier:

- Sociala band-teorin: Åtagande och delaktighet.
- Konsekvenspedagogik: Ansvar och självständigt tänkande.

Steg:

1. **Skapa handlingsplaner**: Skapa detaljerade planer som beskriver de steg som föräldrar behöver ta för att nå specifika mål. Exempel: Mål för barnens skolprestationer, fritidsaktiviteter och sociala utveckling.
2. **Använd checklistor**: Använd checklistor för att hålla koll på dagliga uppgifter och säkerställa att inget viktigt glöms bort. Exempel: Hjälpa barnen med läxorna, planera familjeaktiviteter.
3. **Följ upp**: Följ upp på handlingsplanerna och checklistorna regelbundet. Justera dem vid behov och diskutera med barnen hur de känner om strukturen och målen.

Övning 5: Familjemöten

Syfte: Att förbättra kommunikationen inom familjen och skapa en trygg och stödjande miljö.

Begrepp och teorier:

- Sociala band-teorin: Anknytning och delaktighet.
- Reciprok determinism: Samspel mellan individ, beteende och miljö.

Steg:

1. **Planera familjemöten**: Bestäm en regelbunden tid för familjemöten, till exempel en gång i veckan.
2. **Diskutera viktiga ämnen**: Använd familjemötena för att diskutera viktiga ämnen, såsom skolprestationer, fritidsaktiviteter och familjens mål.
3. **Lyssna aktivt**: Uppmuntra alla familjemedlemmar att dela med sig av sina tankar och känslor. Lyssna aktivt och visa respekt för varandras åsikter.
4. **Följ upp**: Följ upp på de ämnen som diskuterades vid tidigare möten och justera planen vid behov.

Övning 6: Digital säkerhet och skärmtid

Syfte: Att hantera barnens skärmtid och säkerställa att de använder teknik på ett hälsosamt och produktivt sätt.

Begrepp och teorier:

- Sociala band-teorin: Åtagande och delaktighet.
- Reciprok determinism: Samspel mellan individ, beteende och miljö.

Steg:

1. **Skapa skärmfri tid**: Inför skärmfri tid under måltider och innan läggdags för att främja familjesamvaro och god sömn.
2. **Sätt tidsgränser**: Använd appar och inställningar för att begränsa skärmtiden och se till att barnen tar regelbundna pauser.

3. **Var en förebild**: Visa genom ditt eget beteende hur man kan använda teknik på ett hälsosamt sätt. Barn gör inte som du säger, utan som du gör.
4. **Övervaka användningen**: Håll koll på vilka plattformar dina barn använder och vilka de interagerar med. Diskutera öppet om vad som är lämpligt att dela online.

Övning 7: Självutvärdering för föräldrar

Syfte: Att hjälpa föräldrar att reflektera över sitt föräldraskap och identifiera områden för förbättring.

Begrepp och teorier:

- Sociala band-teorin: Anknytning och åtagande.
- Reciprok determinism: Samspel mellan individ, beteende och miljö.

Steg:

1. **Självutvärdering**: Ställ frågor som "Vilka är mina styrkor som förälder?" och "Vilka områden behöver jag förbättra?" för att få en bättre förståelse för ditt föräldraskap.
2. **Framstegslogg**: Dokumentera dina framsteg och reflektera över vad som fungerar och vad som behöver justeras. Använd en logg för att följa upp dina mål och framsteg över tid.

Övning 8: Impulskontroll (Repulse-metoden)

Syfte: Att hjälpa barnen att utveckla impulskontroll och hantera sina känslor.

Begrepp och teorier:

- Repulse-metoden: Kognitivt förhållningssätt, social inlärningsteori och utvecklingspsykologi.
- Sociala band-teorin: Anknytning och delaktighet.

Steg:

1. **Identifiera impulser**: Hjälp barnen att identifiera sina impulser och vad som utlöser dem. Exempel: "Vad får dig att vilja skrika när du är arg?"
2. **Strategier för impulskontroll**: Lär barnen strategier för att hantera sina impulser. Exempel: "Ta ett djupt andetag och räkna till tio innan du reagerar."
3. **Praktisera impulskontroll**: Gör övningar där barnen får praktisera impulskontroll. Exempel: "Försök att vänta fem minuter innan du äter en godis."
4. **Följ upp**: Följ upp och diskutera hur det går med att hantera impulser. Uppmuntra barnen att använda strategierna i vardagen.

Övning 9: Känsloreglering (Repulse-metoden)

Syfte: Att hjälpa barnen att utveckla känsloreglering och hantera sina känslor.

Begrepp och teorier:

- Repulse-metoden: Kognitivt förhållningssätt, social inlärningsteori och utvecklingspsykologi.
- Sociala band-teorin: Anknytning och delaktighet.

Steg:

1. **Identifiera känslor:** Hjälp barnen att identifiera och namnge sina känslor. Använd bilder eller känslokort för att göra det lättare.

2. **Diskutera känslor:** Diskutera olika känslor och vad som kan orsaka dem. Fråga barnen hur de känner i olika situationer.

3. **Strategier för känsloreglering:** Lär barnen strategier för att hantera sina känslor. Exempel: "Ta ett djupt andetag och räkna till tio när du känner dig arg."

4. **Praktisera känsloreglering:** Gör övningar där barnen får praktisera känsloreglering. Exempel: "Försök att lugna ner dig genom att ta några djupa andetag när du känner dig stressad."

5. **Följ upp:** Följ upp och diskutera hur det går med att hantera känslor. Uppmuntra barnen att använda strategierna i vardagen.

Övning 10: Moraliskt resonemang (ART-metoden)

Syfte: Att utveckla moraliskt resonemang och förmågan att ta andras perspektiv.

Begrepp och teorier:

- ART-metoden: Moralisk resonemangsträning.
- Sociala band-teorin: Övertygelse och delaktighet.

Steg:

1. **Diskutera moraliska dilemman**: Diskutera olika moraliska dilemman och vad som är rätt och fel. Exempel: "Vad skulle du göra om du såg någon stjäla?"

2. **Rollspel**: Gör rollspel där barnen får öva på att ta andras perspektiv och fatta moraliska beslut. Exempel: "Hur skulle du känna dig om du var i den personens situation?"

3. **Följ upp**: Följ upp och diskutera hur det går med att använda moraliskt resonemang i vardagen. Uppmuntra barnen att tänka på andras perspektiv och fatta ansvarsfulla beslut.

Övning 11: Socialt stöd

Syfte: Att hjälpa barnen att utveckla och stärka sina sociala nätverk och känna sig stöttade av sin omgivning.

Begrepp och teorier:

- Sociala band-teorin: Anknytning och delaktighet.
- Reciprok determinism: Samspel mellan individ, beteende och miljö.

Steg:

1. **Identifiera sociala nätverk**: Hjälp barnen att identifiera sina sociala nätverk, inklusive familj, vänner, lärare och andra viktiga personer i deras liv. Exempel: "Vilka personer kan du vända dig till när du behöver hjälp eller stöd?"

2. **Diskutera socialt stöd**: Diskutera vad socialt stöd innebär och varför det är viktigt. Exempel: "Hur kan dina vänner och familj hjälpa dig när du har det svårt?"

3. **Bygga sociala nätverk**: Uppmuntra barnen att bygga och stärka sina sociala nätverk genom att vara en bra vän och visa omtanke för andra. Exempel: "Hur kan du visa dina vänner att du bryr dig om dem?"

4. **Följ upp**: Följ upp och diskutera hur det går med att bygga och stärka sociala nätverk. Uppmuntra barnen att fortsätta utveckla sina sociala färdigheter och söka stöd när de behöver det.

Övning 12: Problemlösning och beslutsfattande

Syfte: Att hjälpa barnen att utveckla problemlösningsförmåga och fatta ansvarsfulla beslut.

Begrepp och teorier:

- Sociala band-teorin: Åtagande och delaktighet.
- Konsekvenspedagogik: Ansvar och självständigt tänkande.

Steg:

1. **Identifiera problem**: Hjälp barnen att identifiera problem de står inför. Exempel: "Vad för problem har du stött på i skolan?"

2. **Brainstorma lösningar**: Diskutera möjliga lösningar på problemet. Uppmuntra barnen att komma med flera förslag. Exempel: "Vilka olika sätt kan du lösa detta problem på?"

3. **Välj en lösning**: Hjälp barnen att välja den bästa lösningen och planera hur de ska genomföra den.

Exempel: "Vilken lösning tror du kommer att fungera bäst?"

4. **Följ upp**: Följ upp och diskutera hur det gick med att lösa problemet. Uppmuntra barnen att reflektera över vad de har lärt sig och hur de kan använda dessa färdigheter i framtiden.

Övning 13: Självkänsla och självförtroende

Syfte: Att stärka barnens självkänsla och självförtroende.

Begrepp och teorier:

- Sociala band-teorin: Anknytning och övertygelse.
- Reciprok determinism: Samspel mellan individ, beteende och miljö.

Steg:

1. **Identifiera styrkor**: Hjälp barnen att identifiera sina styrkor och vad de är bra på. Exempel: "Vad är något du är stolt över att kunna göra?"
2. **Ge positiv feedback**: Ge barnen positiv feedback och uppmuntran för deras styrkor och prestationer. Exempel: "Jag är stolt över hur bra du klarade av den uppgiften."
3. **Sätt upp utmaningar**: Hjälp barnen att sätta upp utmaningar som de kan klara av och känna sig stolta över. Exempel: "Vad är något nytt du vill lära dig eller bli bättre på?"

4. **Följ upp**: Följ upp och diskutera hur det går med att stärka självkänslan och självförtroendet. Uppmuntra barnen att fortsätta arbeta på sina styrkor och ta sig an nya utmaningar.

Övning 14: Tacksamhet och positivt tänkande

Syfte: Att hjälpa barnen att utveckla en positiv inställning och känna tacksamhet.

Begrepp och teorier:

- Sociala band-teorin: Anknytning och övertygelse.
- Reciprok determinism: Samspel mellan individ, beteende och miljö.

Steg:

1. **Identifiera tacksamhet**: Hjälp barnen att identifiera saker de är tacksamma för. Exempel: "Vad är något du är tacksam för i dag?"
2. **Skriv tacksamhetsdagbok**: Uppmuntra barnen att skriva ner tre saker de är tacksamma för varje dag. Exempel: "Skriv ner tre saker som gjorde dig glad idag."
3. **Diskutera positivt tänkande**: Diskutera hur positivt tänkande kan påverka deras liv och välmående. Exempel: "Hur kan du tänka positivt när du stöter på en utmaning?"
4. **Följ upp**: Följ upp och diskutera hur det går med att utveckla en positiv inställning och känna tacksamhet. Uppmuntra barnen att fortsätta skriva i sin tacksamhetsdagbok och tänka positivt.

Övning 15: Fysisk aktivitet och hälsa

Syfte: Att uppmuntra barnen att vara fysiskt aktiva och ta hand om sin hälsa.

Begrepp och teorier:

- Sociala band-teorin: Delaktighet och åtagande.
- Reciprok determinism: Samspel mellan individ, beteende och miljö.

Steg:

1. **Identifiera aktiviteter**: Hjälp barnen att identifiera fysiska aktiviteter de tycker om. Exempel: "Vilken sport eller aktivitet tycker du är rolig?"
2. **Planera fysisk aktivitet**: Skapa en plan för hur barnen kan vara fysiskt aktiva varje dag. Exempel: "Hur kan du vara aktiv i minst 30 minuter varje dag?"
3. **Delta tillsammans**: Delta i fysiska aktiviteter tillsammans som en familj. Exempel: "Låt oss gå på en promenad eller spela fotboll tillsammans."
4. **Följ upp**: Följ upp och diskutera hur det går med att vara fysiskt aktiv och ta hand om hälsan. Uppmuntra barnen att fortsätta vara aktiva och hitta nya aktiviteter de tycker om.

Övning 16: Konsekvenspedagogik – naturliga konsekvenser

Syfte: Att hjälpa barnen att förstå sambandet mellan sina handlingar och de naturliga konsekvenserna av dessa.

Begrepp och teorier:

- Konsekvenspedagogik: Ansvar och självständigt tänkande.
- Sociala band-teorin: Åtagande och delaktighet.

Steg:

1. **Identifiera handlingar och konsekvenser**: Diskutera med barnen vilka handlingar som har naturliga konsekvenser. Exempel: "Vad händer om du inte gör dina läxor?"
2. **Låt barnen uppleva konsekvenser**: Låt barnen uppleva de naturliga konsekvenserna av sina handlingar. Exempel: Om de inte gör sina läxor, får de inte delta i en rolig aktivitet.
3. **Diskutera lärdomar**: Efter att barnen har upplevt konsekvenserna, diskutera vad de har lärt sig. Exempel: "Vad lärde du dig av att inte göra dina läxor?"
4. **Uppmuntra ansvar**: Uppmuntra barnen att ta ansvar för sina handlingar och förstå att deras val har konsekvenser. Exempel: "Hur kan du se till att du gör dina läxor i framtiden?"

Övning B: Miljöanalys

Syfte: Att hjälpa barn och ungdomar att förstå hur deras miljö påverkar deras beteende och beslut. **Instruktioner**:

1. **Identifiera en situation**: Be barnet att tänka på en situation där de kände sig frestade att göra något fel, till exempel att stjäla något.

2. **Analysera miljön**: Låt barnet skriva ned alla faktorer i miljön som påverkade deras beslut, såsom närvaro av vänner, övervakning och deras egna känslor.

3. **Diskutera påverkan**: Diskutera hur dessa faktorer påverkade deras beslut. Hur skulle de ha agerat om miljön hade varit annorlunda?

4. **Uppföljning**: Be barnet att tänka på hur de kan förändra sin miljö för att göra det lättare att fatta bra beslut. Vad kan de göra för att minska frestelser och öka sitt stöd?

Övning 17: ADHD – Struktur och rutiner

Syfte: Att hjälpa barn med ADHD att utveckla struktur och rutiner i vardagen.

Begrepp och teorier:

- Sociala band-teorin: Åtagande och delaktighet.
- Betingningsteorin: Operant betingning.

Steg:

1. **Skapa en daglig rutin**: Hjälp barnet att skapa en tydlig daglig rutin med fasta tider för olika aktiviteter. Exempel: "Vi ska ha en fast tid för att göra läxor varje dag."

2. **Använd visuella hjälpmedel**: Använd visuella hjälpmedel som scheman och checklistor för att hjälpa barnet att följa rutinen. Exempel: "Här är en checklista för dina morgonrutiner."

3. **Belöna positivt beteende**: Använd positiv förstärkning för att belöna barnet när de följer rutinen. Exempel: "Du

får en stjärna på din belöningskarta varje gång du följer din morgonrutin."

4. **Följ upp**: Följ upp och diskutera hur det går med att följa rutinen. Justera vid behov och uppmuntra barnet att fortsätta arbeta med sin struktur och sina rutiner.

Övning 18: Självreglering

Syfte: Att hjälpa barnen att utveckla förmågan att reglera sina känslor, tankar och beteenden.

Begrepp och teorier:

- Sociala band-teorin: Anknytning och delaktighet.
- Reciprok determinism: Samspel mellan individ, beteende och miljö.

Steg:

1. **Identifiera triggers**: Hjälp barnen att identifiera situationer som utlöser starka känslor eller impulsiva beteenden. Exempel: "Vad får dig att känna dig stressad eller arg?"
2. **Strategier för självreglering**: Lär barnen strategier för att hantera sina känslor och beteenden. Exempel: "Använd andningsövningar eller räkna till tio när du känner dig upprörd."
3. **Praktisera självreglering**: Gör övningar där barnen får praktisera självreglering i olika situationer. Exempel: "Försök att använda en av dina strategier när du känner dig stressad."

4. **Följ upp**: Följ upp och diskutera hur det går med att använda självregleringsstrategier. Uppmuntra barnen att fortsätta öva och reflektera över vad som fungerar bäst för dem.

Övning 19: Motivation och målsättning

Syfte: Att hjälpa barnen att utveckla inre motivation och sätta upp och nå mål.

Begrepp och teorier:

- Sociala band-teorin: Åtagande och delaktighet.
- Konsekvenspedagogik: Ansvar och självständigt tänkande.

Steg:

1. **Identifiera mål**: Hjälp barnen att identifiera kortsiktiga och långsiktiga mål som de vill uppnå. Exempel: "Vad är något du vill bli bättre på eller uppnå i skolan?"
2. **Skapa en plan**: Hjälp barnen att skapa en plan för att nå sina mål. Inkludera steg som att sätta upp delmål och tidsramar. Exempel: "Vad behöver du göra varje vecka för att nå ditt mål?"
3. **Hitta motivation**: Diskutera vad som motiverar barnen och hur de kan hålla sig motiverade. Exempel: "Vad gör dig glad och motiverad att arbeta mot ditt mål?"
4. **Följ upp**: Följ upp och diskutera hur det går med att nå målen och hålla motivationen uppe. Uppmuntra barnen att reflektera över sina framsteg och justera planen vid behov.

Referenslista:

Active Parenting. (2025). Home. Retrieved from https://activeparenting.com/

Albertsdóttir, E. (2024). Inget stöd i forskningen för hårdare straff. Lunds universitet.

Bay, J. (2005). Konsekvenspædagogik. Köpenhamn: Gyldendal.

Bentham, J. (1995). The Panopticon writings. London; New York: Verso.

Bindler, A., & Hjalmarsson, R. (2022). Hur strängare straff påverkar sannolikheten för bestraffning. Nationalekonomi.

Brottsförebyggande rådet. (2025). Rapport om återfall i kriminalitet. Hämtad från https://bra.se/statistik/statistik-om-rattsvasendet/aterfall-i-brott

Boston Arts Academy. (2025). Get Involved. Retrieved from https://bostonartsacademy.org/school-culture/get-involved/

Department of Social Services. (2025). Family support services. Retrieved from https://www.dss.gov.au/family-support-services

Dobrin, G. (1990). Repulse-metoden: Känsloreglering och impulskontroll. rePULSE®.

Ekobrottsmyndigheten. (2025, April 26). Vi har placerat barn i händerna på kriminella. SVT Nyheter. Hämtad från https://www.svt.se/nyheter/inrikes/ekobrottsmyndigheten-vi-har-placerat-barn-i-handerna-pa-kriminella

Expressen. (n.d.). Pappa körde sina söner till knivbråk – åtalas. Hämtad från https://www.expressen.se/nyheter/sverige/pappa-korde-sina-soner-till-knivbrak-atalas/

Fahlke, C., & Johansson, P. M. (2007). Personlighetspsykologi. Stockholm: Bokförlaget Natur och Kultur.

Foucault, M. (2003). Moderna klassiker: Övervakning och straff (P. Lorentzon, Övers.). Stockholm: Arkiv förlag. (Originalarbete publicerat 1987)

Germundsson, P. (2011). Lärare, socialsekreterare och barn som far illa. Om sociala representationer och interprofessionell samverkan (Doktorsavhandling, Örebro universitet, Institutet för handikappvetenskap).

Goldstein, A. P., Glick, B., & Gibbs, J. C. (1998). Aggression Replacement Training: A Comprehensive Intervention for Aggressive Youth. Research Press.

Hirschi, T. (1969). A control theory of delinquency. I F. P. Williams & M. D. McShane (Red.), Criminology theory. Selected classic readings (2:a uppl., s. 196-206). Cincinnati: Anderson Publishing.

Hirschi, T. (2002). Causes of delinquency (9:e uppl.). New Jersey: Transaction Publishers.

Hjalmarsson, R. (2024). Hur kan samhället förhindra återfall i brottslighet? SNS.

Högskolan i Borås. (2025). Gänggrooming - Att utnyttja barn för att lyckas med sin egna kriminalitet. Hämtad från https://hb.diva-portal.org/smash/get/diva2:1889220/FULLTEXT01.pdf

Nurturing Parenting. (n.d.). What is the Nurturing Parenting Program? Retrieved from https://www.nurturingparenting.com/blog/what-is-the-nurturing-parenting-program-a-guide-to-empowering-families/

Ogden, J. (senaste upplagan). Health psychology: A textbook. Berkshire: McGraw Hill / Open University Press.

Pervin, L. A., & John, O. P. (2019). Personality theory and research (14:e uppl.). New York: John Wiley & Sons Inc.

Polisen. (n.d.). Hämtad från https://polisen.se/siteassets/dokument/ovriga_rapporter/sis-och-hvb-version2.pdf

Regeringen. (2021). Offentlighets- och sekretesslagen (2009:400). Hämtad från https://www.regeringen.se/regeringens-politik/ett-tryggare-sverige/offentlighets-och-sekretesslagen-2009-400/

Regeringen. (2021). Punktprogrammet: Regeringens åtgärder mot gängkriminaliteten. Hämtad från https://www.regeringen.se/regeringens-politik/ett-tryggare-sverige/34-punktsprogrammet-regeringens-atgarder-mot-gangkriminaliteten/

Ring, J. (1999). Hem och skola, kamrater och brott (Avhandlingsserie Nr 2). Stockholm: Kriminologiska institutionen, Stockholms universitet.

Sjödahl, J. (2015). Repression, rehabilitering eller reparation. Juridiska fakulteten vid Lunds universitet.

SNS. (2024). Återfallsförbrytare och straffskärpningar. SNS.

Sjöwall, D., Roth, L., Lindqvist, S., & Thorell, L. B. (2013). Multiple deficits in ADHD: executive dysfunction, delay aversion, reaction time variability, and emotional deficits. Psychosomatic Medicine, 75(3), 221-229. https://doi.org/10.1097/PSY.0b013e31828233ad

Sveriges Radio. (n.d.). Poliser utsätts för grövre hot – få anmäler: "Vet var dina barn går på dagis". Hämtad från https://www.sverigesradio.se/artikel/poliser-utsatts-for-grovre-hot-fa-anmaler-vet-var-dina-barn-gar-pa-dagis--2

Sveriges riksdag. (2025). Brottsbalk (1962:700). Sveriges riksdag.

SVT Nyheter. (2025, April 26). Flera HVB-hem drivs av kriminella. SVT Nyheter. Hämtad från https://www.svt.se/nyheter/inrikes/polisen-i-rapport-flera-hvb-hem-drivs-av-kriminella

TV4. (2021, 8 december). Många kriminella klarade inte grundskolan. Hämtad från https://www.tv4play.se/korthet/d643e2d8967c18d0ed0c/manga-kriminella-klarade-inte-grundskolan-sa-svarar-skolan?panelId=

TV4 Nyheterna. (2025, April 13). Förskoleelev högg lärare med sax – föräldrar vägrar medicin. TV4. Hämtad från https://www.tv4.se/artikel/5Mi5SliYn5kaI01pcYHyte/foerskoleelev-hoegg-laerare-med-sax-foeraeldrarna-vaegrar-medicin

Westfelt, L. (2015). Livstidsdomar – utveckling och faktisk strafftid. Brottsförebyggande rådet.

Wikström, P.-O. H. (2010). Situational Action Theory: Toward a Dynamic Theory of Crime and Its Causes. Oxford University Press.

Wikström, P.-O. H. (2017). Situational Action Theory: A General, Dynamic and Mechanism-Based Theory of Crime and Its Causes. Centre for Analytic Criminology.

Wikström, P.-O. H., & Treiber, K. (2017). *Social disadvantage and crime: A criminological puzzle*. Cambridge University Press.

Tack

Jag vill börja med att rikta ett stort tack till min mamma som alltid har varit min största förebild och trygghet. Tack för din kärlek, styrka och oförtröttliga tro på mig, även när jag tvivlade på mig själv. Framför allt tack för din uppfostran och för att du inte lät mig hamna i kriminalitet. Även om jag inte förstod betydelsen av det under min uppväxt och ibland upplevde dig som sträng. Du har varit min klippa genom allt.

Jag vill uttrycka min djupaste tacksamhet till mina lärare och handledare vid Örebro universitet och Linnéuniversitet för ert tålamod, er vägledning och ert engagemang. Utan era insikter och stöd hade denna bok aldrig blivit verklighet. Ert engagemang har varit ovärderligt och har hjälpt mig att utvecklas både akademiskt och personligt.

Jag vill rikta ett stort tack till alla de fantastiska personer som ställde upp på intervju och delade med sig av sina erfarenheter och insikter. Utan er hade denna bok inte varit möjlig. Ert engagemang och er vilja att bidra till en bättre förståelse för föräldraansvarets roll i samhället är ovärderlig. Era berättelser har berikat boken och gjort den mer levande och insiktsfull.

Till mina vänner Mille och Rebin, vars uppmuntran och hjälp har varit ovärderlig under denna process. Ert stöd och era uppmuntrande ord har varit ovärderliga och har hjälpt mig att hålla fast vid min vision. Ni har varit en konstant källa till inspiration och motivation.

Tack också till alla andra som har funnits där, både i stora och små ögonblick. Var och en av er har bidragit till att göra detta projekt möjligt.